d

Friedrich Dürrenmatt

Die Mansarde

Die Wandmalereien aus der Berner Laubeggstraße

Mit einem Essay von Ludmila Vachtova

Herausgegeben vom Schweizerischen Literaturarchiv

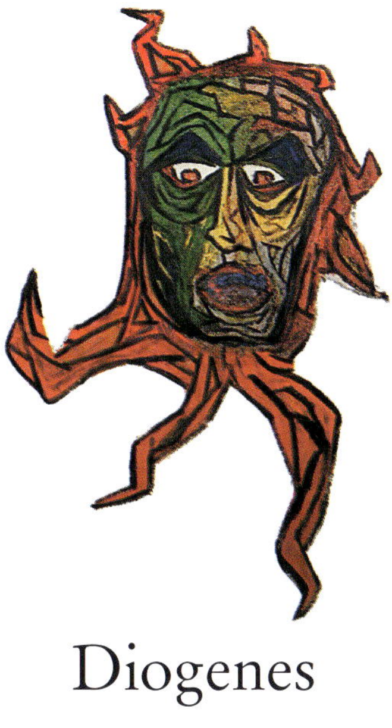

Diogenes

Umschlagillustration:
Friedrich Dürrenmatt, Wandmalerei aus der Berner Laubeggstraße, ca. 1942 (Detail)
Foto: Dominique Uldry
Vignette Titelseite: »Das Antlitz der Medusa«
Vignette Schutzumschlag-Rückseite:
Selbstporträt (Detail)
ca. 1941 (Sammlung Joseph Rösli, Bern)

Konzept und Redaktion:
Peter Edwin Erismann und Ulrich Weber

50/95/15/1
ISBN 3 257 02052 X

Inhalt

Friedrich Dürrenmatt, von 1921 bis 1935 in Konolfingen im Emmental aufgewachsen, kommt 1935 mit seinen Eltern und seiner Schwester vom Dorf in die Stadt nach Bern, wo der Vater Pfarrer am Diakonissenhaus wird. Mehrmals zieht die Familie um, im Juli 1942 in die Berner Laubeggstraße 49. Als Dürrenmatt im Sommer 1942 vorzeitig aus der Rekrutenschule entlassen wird, überlassen ihm seine Eltern in ihrem neuen Haus eine Mansarde unter dem Dach. Noch im gleichen Sommer beginnt der Sohn sein Arbeits- und Schlafzimmer auszumalen. In kurzer Zeit entsteht ein Gesamtkunstwerk, ein einmaliger in sich geschlossener Bildraum.

Dürrenmatt bewohnt die Mansarde bis zu seiner Hochzeit und dem nachfolgenden Umzug nach Basel im Herbst 1946. Die Bilder geraten in Vergessenheit und werden 1952 nach dem Wegzug der Eltern Dürrenmatt übertüncht. Durch Hinweise der neuen Hausbesitzer und der Schwester Dürrenmatts auf die Existenz der Bilder aufmerksam gemacht, entdeckt das Schweizerische Literaturarchiv 1993 im Dachstock des Hauses in der Laubeggstraße die verschollenen Wandmalereien. Die Bilder werden freigelegt, restauriert und in einer maßstabgetreuen Rekonstruktion anläßlich der Dürrenmatt-Ausstellung ›Querfahrt‹ 1994 in Bern erstmals der Öffentlichkeit zugänglich gemacht.

Dürrenmatt hat sich auch später immer wieder mit eigenen

Bildern umgeben; in seinem Haus in Neuchâtel, wo er seit 1952 bis zu seinem Tod 1990 wohnte, besteht noch die ausgemalte Toilette, die sogenannte ›Sixtinische Kapelle‹, und der Schauspieler Ernst Schröder berichtet von der *Wiedertäufer*-Probenzeit 1967, daß »das Zürcher Hotelzimmer Dürrenmatts mit Elefantenzeichnungen austapeziert« gewesen sei.

Die Herausgeber

Friedrich Dürrenmatt
über die Berner Mansarde

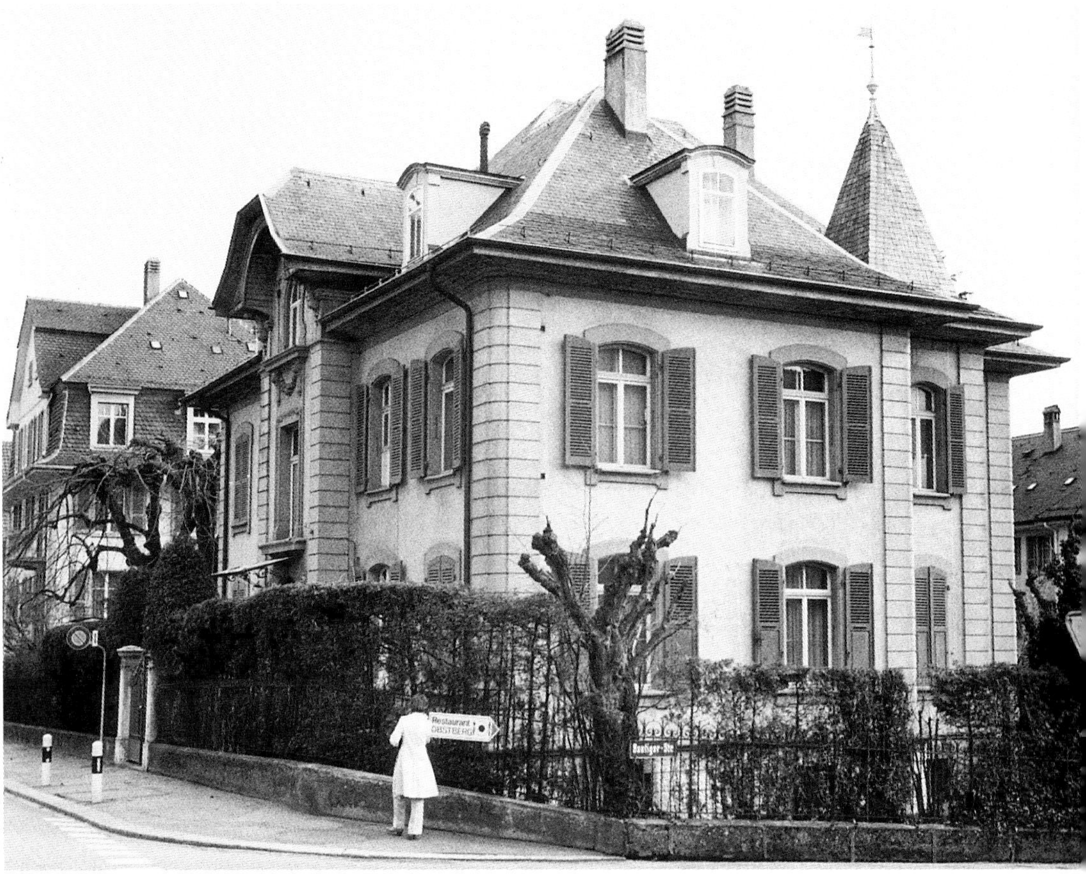

Das Haus in der Berner Laubeggstraße

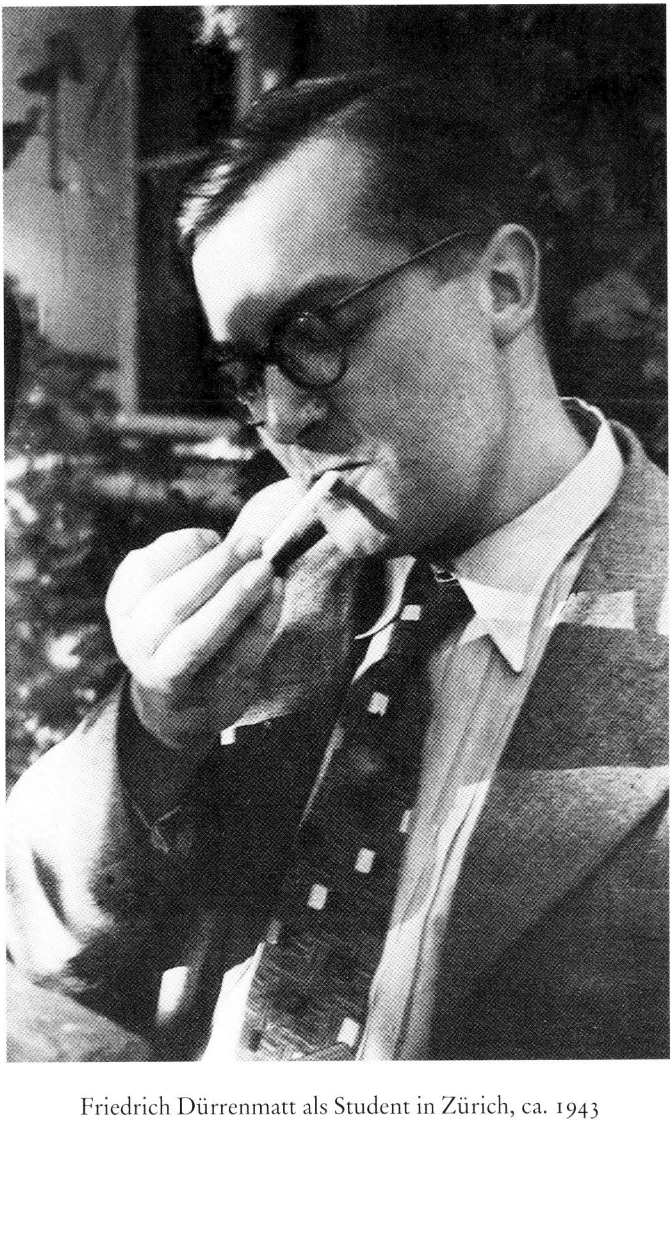

Friedrich Dürrenmatt als Student in Zürich, ca. 1943

Nach übereinstimmenden Zeugnissen hat Friedrich Dürrenmatt zur Zeit der Entstehung der Mansardenbilder kaum über die abgebildeten Motive gesprochen, auch in den Briefen aus jener Zeit finden sich keinerlei Hinweise darauf. Die Bilder waren einfach da. Erst im Rahmen der Erinnerungsarbeit der ›Stoffe‹ kommt Dürrenmatt auf die Mansarde zu sprechen: In einem Manuskript zum ›Stoffe‹-Teil *Querfahrt,* datiert vom 9.11.1981, beschreibt der Autor, wie er nach einem Studienjahr in Zürich nach Bern zurückkehrt, um dort eine Gelbsucht auszukurieren:

»Notdürftig genesen, doch immer noch mit gelblichen Augen, bezog ich im gleichen Hause in der Laubeggstraße ein großes Dachzimmer mit einer rechteckigen übertünchten Backsteinsäule in der Mitte, durch die Ofenrohre zum Kamin auf dem Dach liefen. Ich malte die Wände nach und nach aus, um mich gegen die Umwelt abzuschirmen, wie sich die Höhlenbewohner mit ihren Bildern gegen die Umwelt abgeschirmt hatten, doch war diese nicht friedlich wie die meine; schlichen damals Säbeltiger herum, trampelten Mammuts die Eiszeitflora nieder und heulten Wölfe des Nachts, umgaben mich Vorstadtvillen, und nur ein Gemüsemann in einem primitiven Holzschuppen erinnerte mich an die Vorzeit, an meine Jugend im Dorf, auch dieser Gemüsemann hatte wie jener im Dorf einen handlosen Arm. Ich setzte mich mit meiner Wandmalerei vielmehr gegen die Idylle zur Wehr, die mich umgab; war ich doch von meiner Mansarde in wenigen Minuten auf dem Land, weite Felder, dann Wälder, und als ich mich eines Nachts aus dem Fenster lehnte, stand mitten auf der Asphaltfläche der breiten Straße ein Reh. Bemalten die Höhlenbewohner ihre Wände, um die Gefahren zu bannen, die sie umgaben, bepinselte ich die meinen um sie herbeizubeschwören. Nicht daß ich den Krieg herbeisehnte, aber ich weigerte mich, ihn zu vergessen, wie es schon viele taten, obgleich der Krieg wieder näherrückte. Aber daß er über unser Land hereinbrechen würde, war immer unwahrscheinlicher, das Zusammenstürzen des Hitlerreiches längst vorausberechenbar – wenn auch nicht der selbstgewählte sadistische Blödsinn seines langen Todeskampfes. So begann man sich unwillkürlich in einem partiellen Frieden auf einen allgemeinen Frieden vorzubereiten. Auf einen Frieden, von dem die meisten vieles erhofften und ich nichts erwartete: Ich verharrte in meiner Rebellion. So entwarf ich denn auf der abgeschrägten Wand über meinem Bett eine wilde Kreuzigung, an der großen Wand entstanden skurrile Figuren, so ein Nietzsche im Nachthemd, die Linke zum Hitlergruß ausgestreckt, dazu skurrile Figuren, ein armloser griechischer Held, aus seinem offenen Hemd starren Hitler, Churchill, Mussolini, Stalin, ein Gräberfeld mit drei Geistlichen mit Heiligenschein, das trojanische Pferd, Spießbürger, Professoren, an der Kaminmauer bot Salome den Kopf Johannes des Täufers dar, von der Decke starrte das Antlitz der Medusa herunter – ein Durcheinander in meinem Gedächtnis – die Wand ist längst von erschrockenen Bürgern übertüncht – von Wut, Protest, Hohn und Spott. Wie A im *Rebell* war ich in einem Spiegelsaal gefangen, mit dem Unterschied, daß ich mich selber gefangengesetzt hatte: im Spiegelsaal meines chaotischen Inneren.«

In der *Persönlichen Anmerkung* zum Bildband *Bilder und Zeichnungen* (1978) in dem erstmals ein schwarz-weißer Ausschnitt aus den Wandbildern reproduziert wurde, geht Dürrenmatt kurz auf die Mansarde ein:

»Als Student wohnte ich in Bern in einem Zimmer, das ich ausgemalt hatte. Über dem Bett war eine skurrile Kreuzigung, daneben Szenen aus meinem ersten, nie veröffentlichten Stück, zu dem noch eine Zeichnung existiert, eine meiner frühesten. So stellt denn mein Malen und Zeichnen eine Ergänzung meiner Schriftstellerei dar – für alles, das ich nur bildnerisch ausdrücken kann.«

Die Mansarde ist in der Studienzeit von regem Leben erfüllt; im zweiten Band der ›Stoffe‹ *(Turmbau)* erinnert sich Dürrenmatt:

»War ich vorher ein Einzelgänger gewesen, wurde ich geselliger. Ich verkehrte mit anderen Studenten, doch auch mit Bekannten aus der Gymnasialzeit, mit Freunden, mit denen ich in einer kleinen Kellerkneipe in der Altstadt und nachher oft noch in meinem ausgemalten Mansardenzimmer diskutierte. Der Lärm war manchmal beträchtlich, besonders wenn sich eine Gesellschaft gegen ein Uhr in der Nacht zu mir nach oben begab, jeder eine Flasche unter dem Arm, oder gegen Morgen mehr oder weniger sanft die vier Treppen nach unten bewältigte, was nicht ohne Stürze abging. Meine Eltern waren großzügig, nur einmal intervenierte mein Vater schüchtern, verlegen, merkwürdigerweise Schriftdeutsch sprechend, als es hoch herging, gegen vier morgens. Ich bewirtete einen Kunstmaler, dessen Frau, Studenten und den ›außerordentlichen Professor‹ für Kunstgeschichte, Wilhelm Stein. Die Gäste waren verwirrt, das Zimmer voller Rauchschwaden, durch welche die Fratzen an den weißen Wänden glotzten, Kerzenlicht, mein Vater wirkte gespenstisch in seiner notdürftigen Kleidung, er hatte nicht erwartet, einen Professor bei mir zu finden, entfernte sich, ich fühlte mich gedemütigt, man brach auf.«

In fiktionaler Verfremdung taucht die Mansarde jedoch bereits 1947 in der Erzählung *Die Stadt* (1952 auch in deren überarbeiteter Fassung mit dem Titel *Aus den Papieren eines Wärters*) als Zufluchtsort vor der als bedrohlich empfundenen Stadt auf:

»Wir brauchen immer wieder sichere Höhlen, in die wir uns zurückziehen können, und seien es auch nur jene des Schlafs; erst in den untersten Verliesen der Wirklichkeit werden uns auch die genommen. So war es vor allem mein Zimmer, dem ich vieles verdanke und in welchem ich immer wieder Zuflucht fand. Es lag jenseits des Flusses in der östlichen Vorstadt, die nicht zur Stadt gerechnet wurde. Es hatten sich dort Fremde angesiedelt, die jedoch keinen Verkehr untereinander pflegten, um der Verwaltung nicht aufzufallen. Viele von ihnen verschwanden im Verlauf der Jahre, ohne daß wir wußten, was mit ihnen geschehen war. Es gab zwar einige, die zu wissen meinten, daß sie von der Verwaltung im großen Gefängnis untergebracht worden seien, doch hörte ich nie Genaues über diese Gerüchte, wie auch niemand wußte, wo dieses Gefängnis gelegen sein konnte. Mein Zimmer befand sich im Dachstuhl eines Mietshauses, das sich von den übrigen Häusern der Vorstadt nicht unterschied. Die Wände waren zur Hälfte abgeschrägt und hoch, nur durch zwei Nischen im Norden und Osten unterbrochen, in denen die Fenster waren. An der großen, abgeschrägten Westwand befand sich das Bett und beim Ofen eine Kochstelle, auch waren noch zwei Stühle und ein Tisch im Zimmer. An die Wände malte ich Bilder, die nicht sehr groß waren, doch bedeckten sie mit der Zeit die Mauern und die Decke vollständig. Auch der Kamin, der mitten durch mein Zimmer ging, war von oben bis unten mit Figuren bemalt. Ich stellte Szenen aus unsicheren Zeiten dar, besonders die großen Abenteuer der Menschheit. War kein Platz mehr da für neue Bilder, fing ich an, jedes Bild von neuem durchzuarbeiten und zu verbessern. Auch kam es vor, daß ich in einer Art blinder Wut ein Bild wegkratzte, um es noch einmal zu gestalten, die wahnwitzige Beschäftigung meiner öden Stunden. Auf dem Tisch befand sich Papier, denn ich schrieb viel, meistens sinnlose Pamphlete gegen die Stadt.«

Friedrich Dürrenmatt

Die Wandmalereien

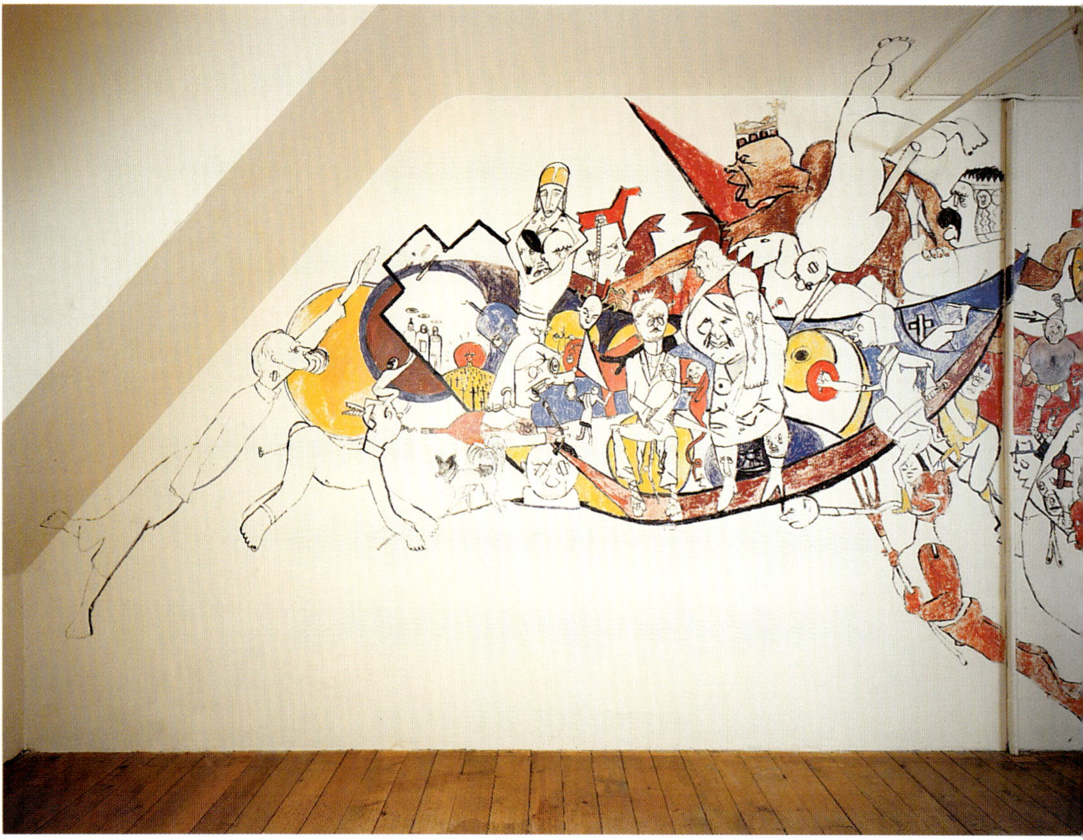

»Die großen Abenteuer der Menschheit«
(linker Teil)

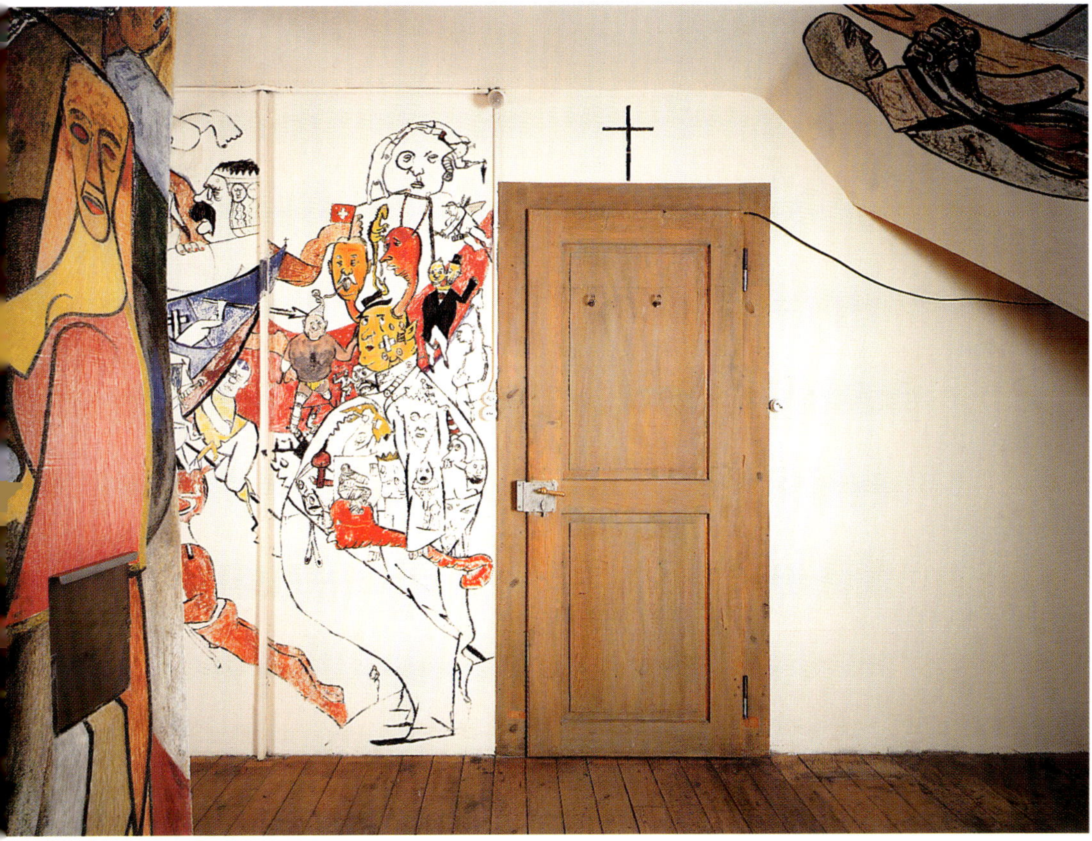

»Die großen Abenteuer der Menschheit«
(rechter Teil)

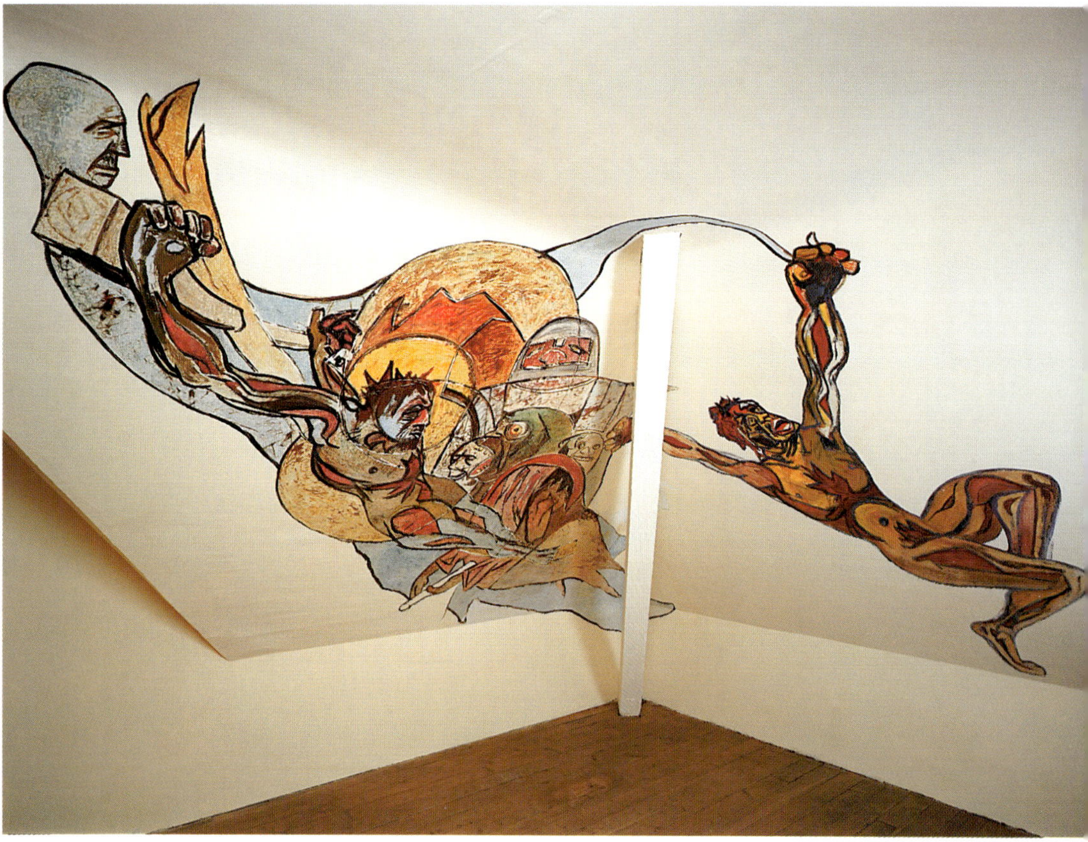

»Skurrile Kreuzigung«

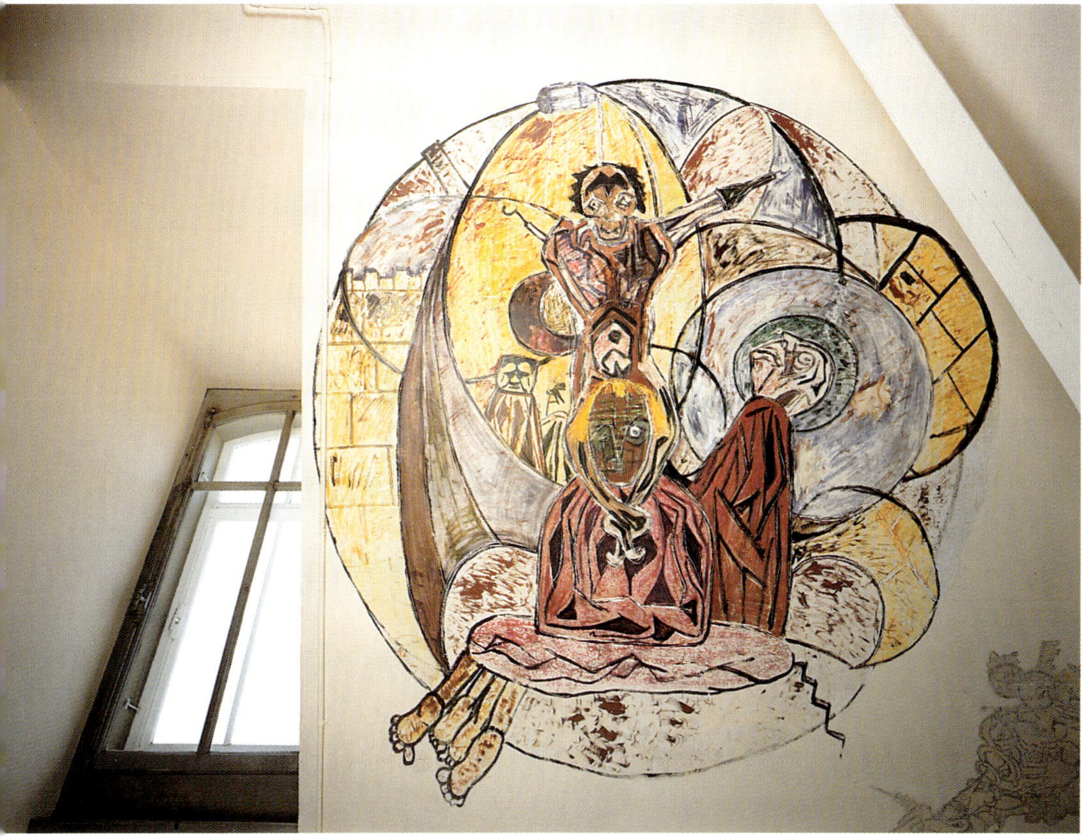

Tondo-Komposition

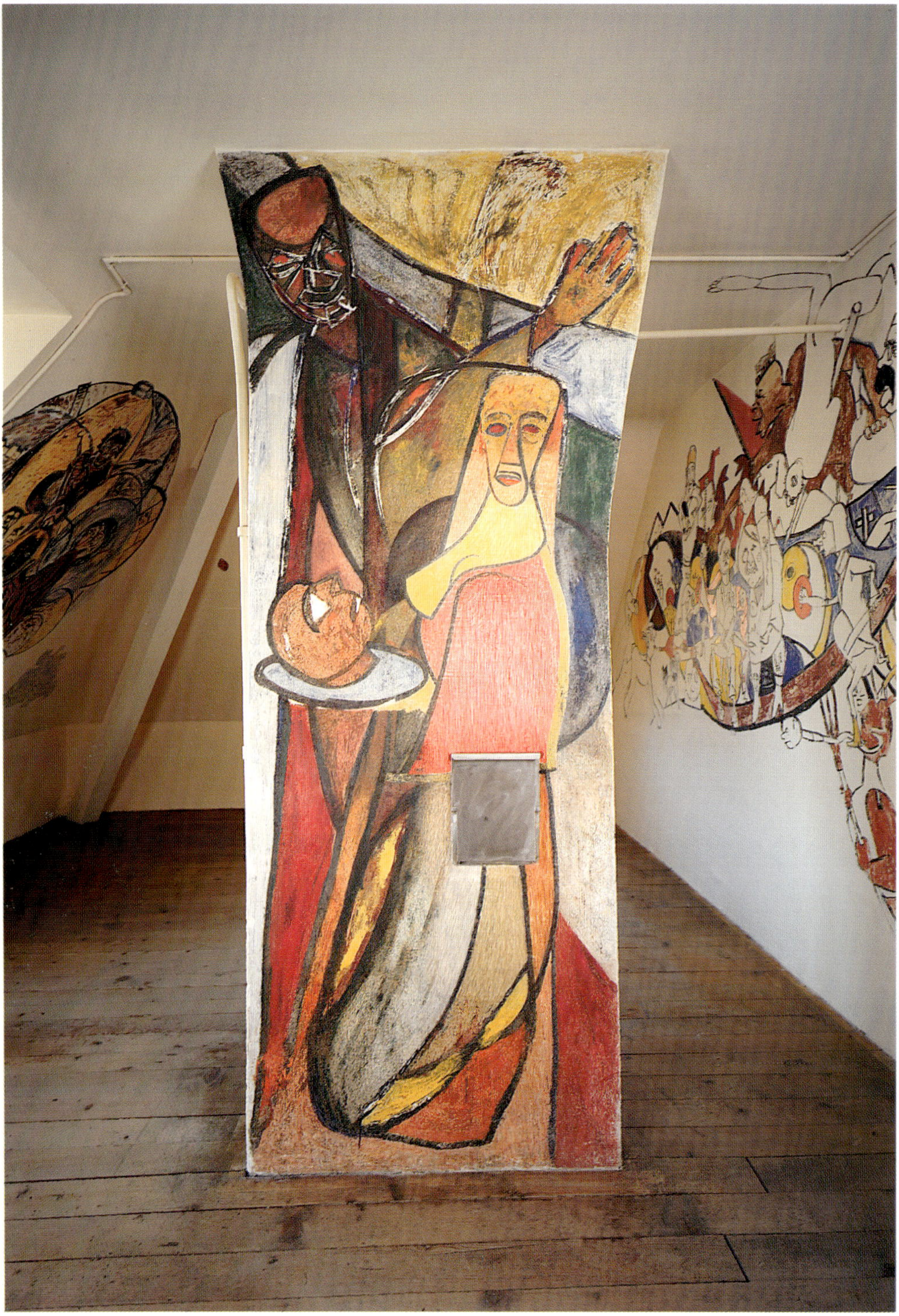

»Salome bietet den Kopf Johannes des Täufers dar«

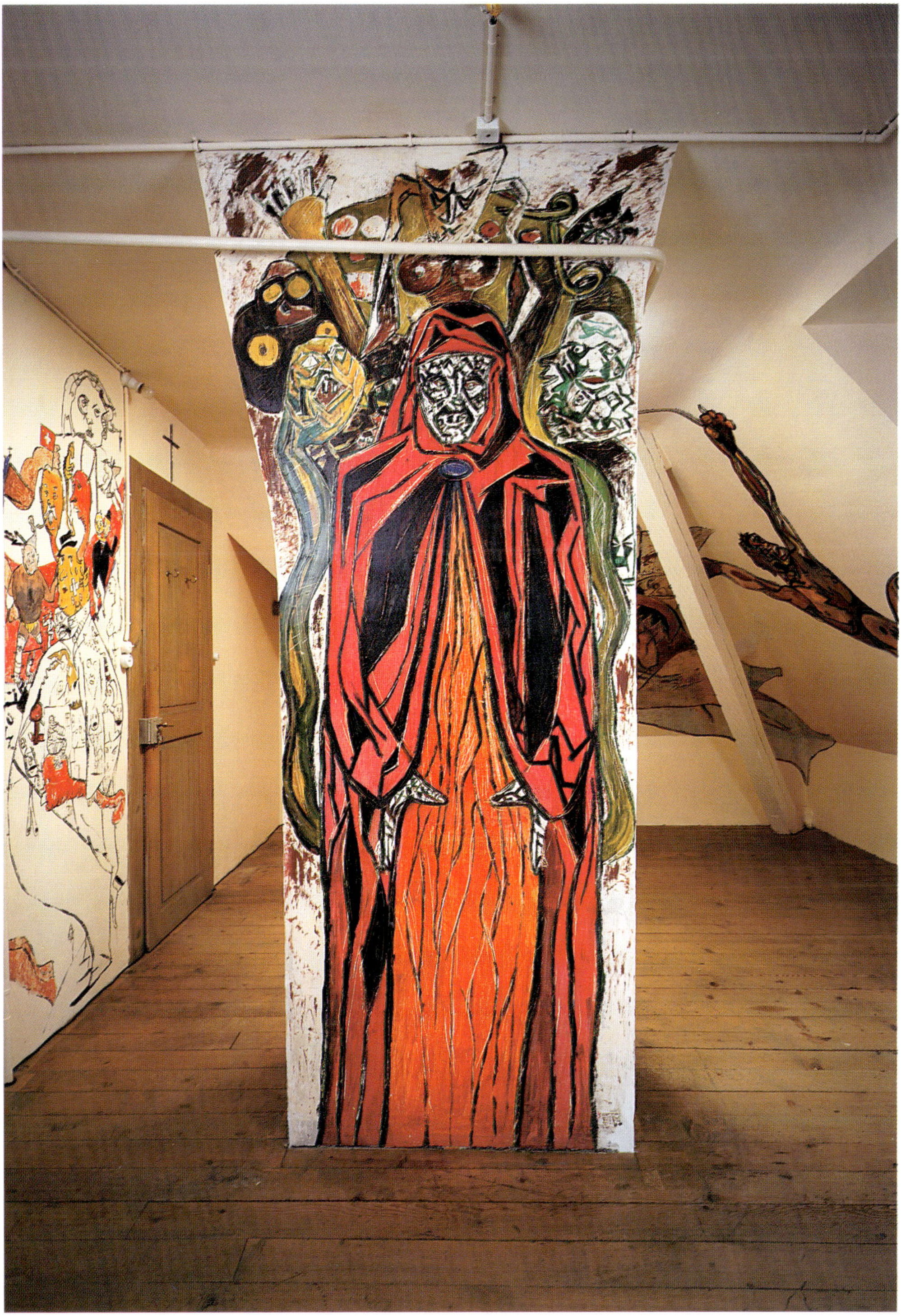

Figur im roten Mantel

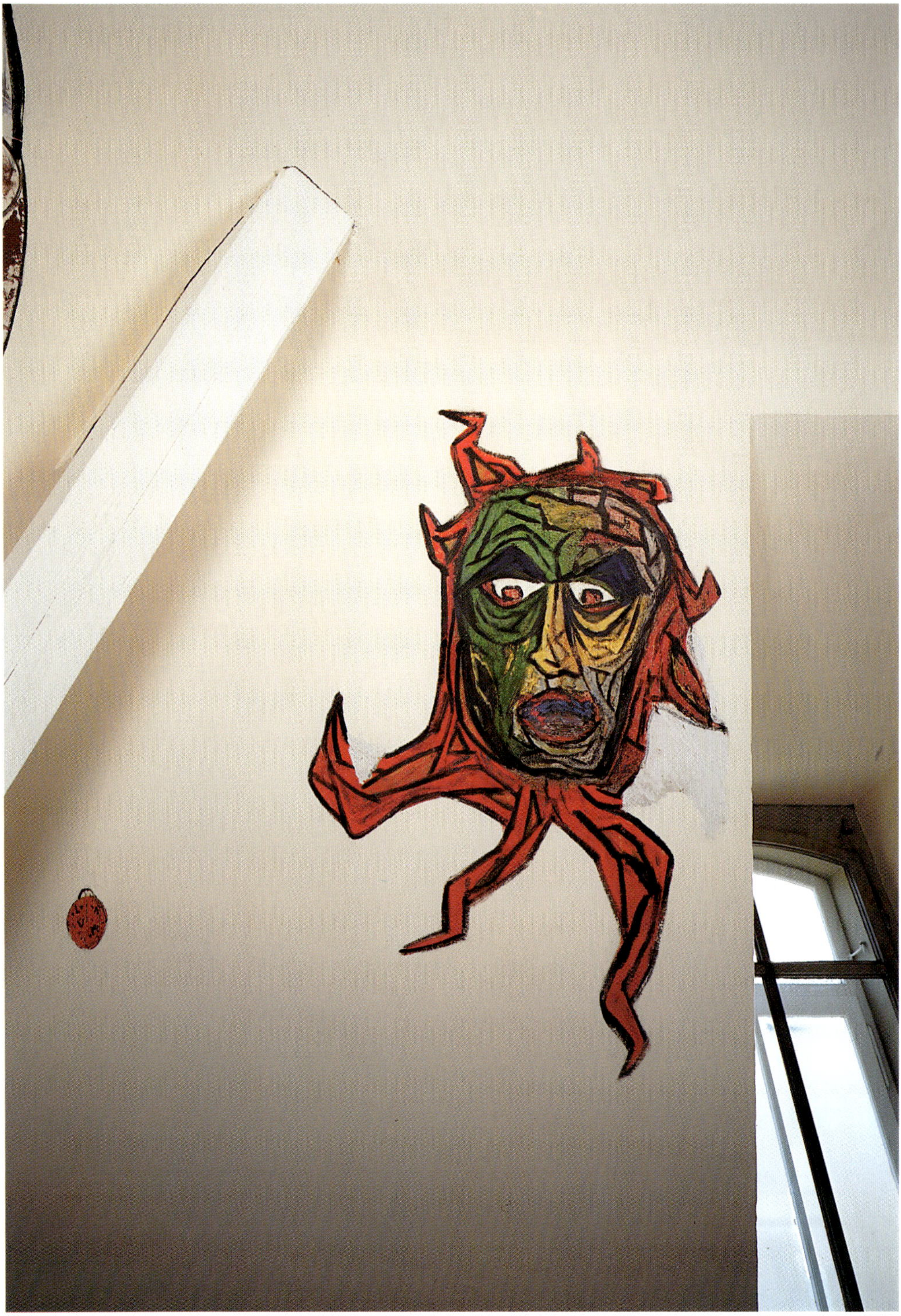

»Das Antlitz der Medusa«

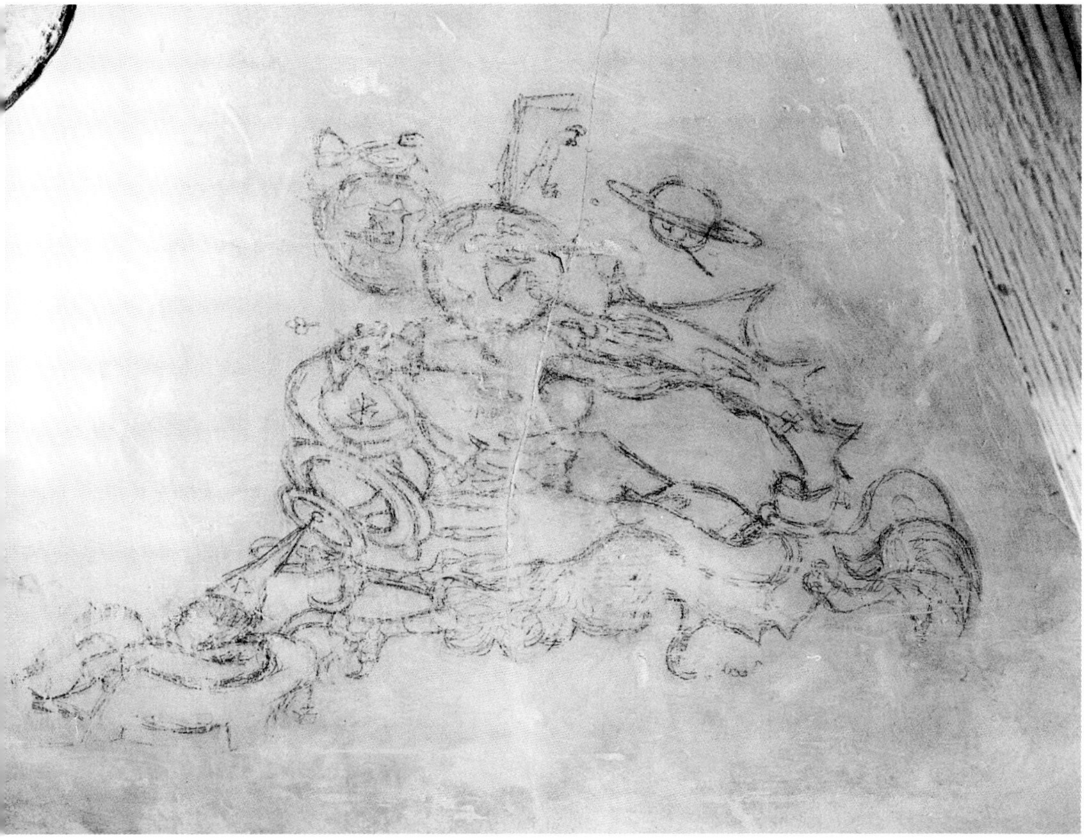

Hahn und Zauberer

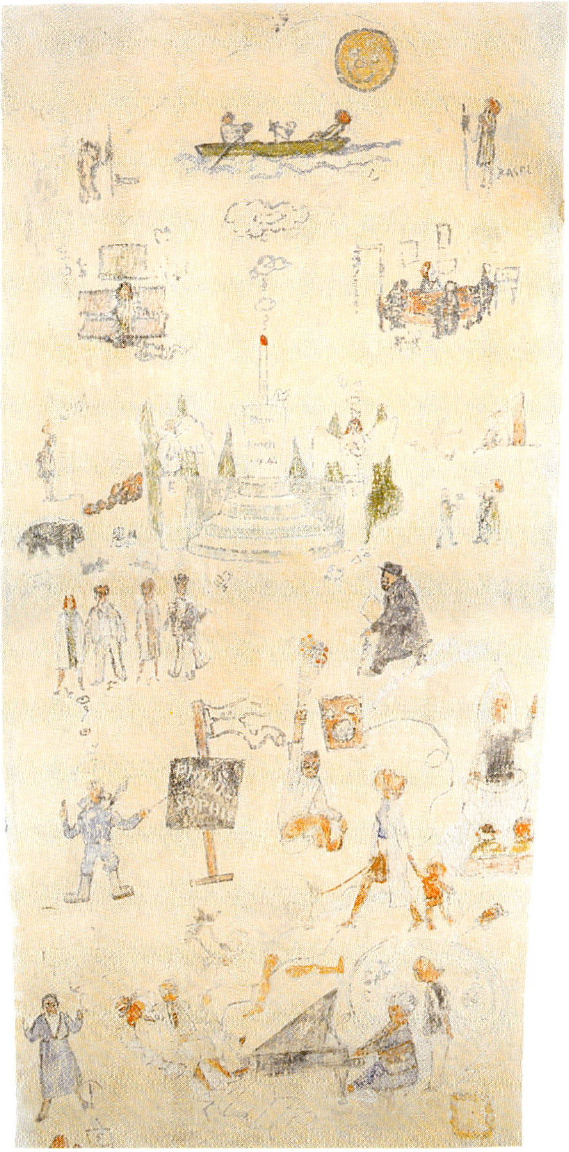

Die Kaminzeichnungen
(oberer Teil)

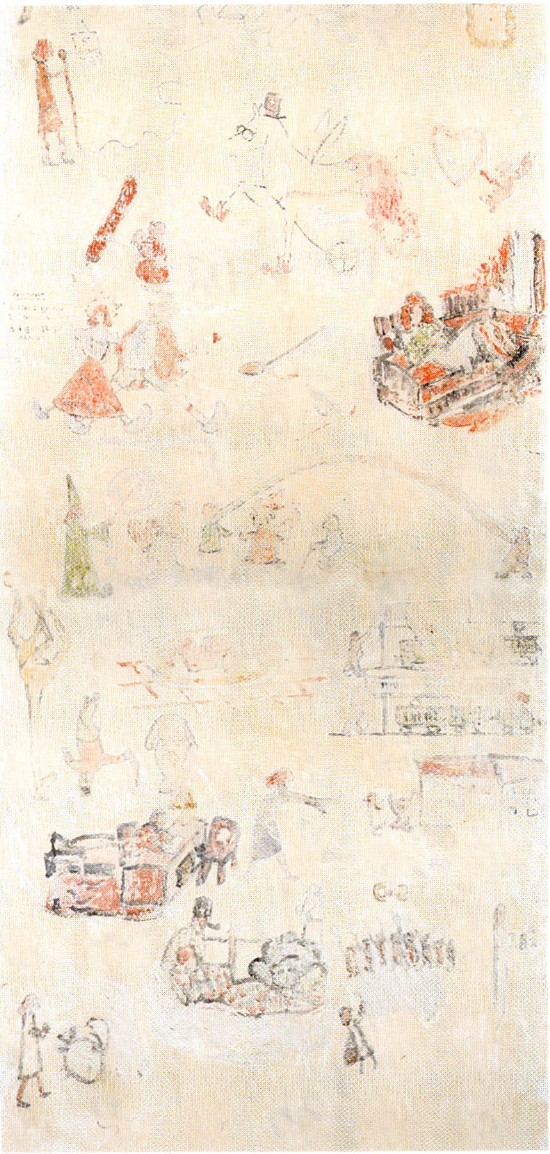

Die Kaminzeichnungen
(unterer Teil)

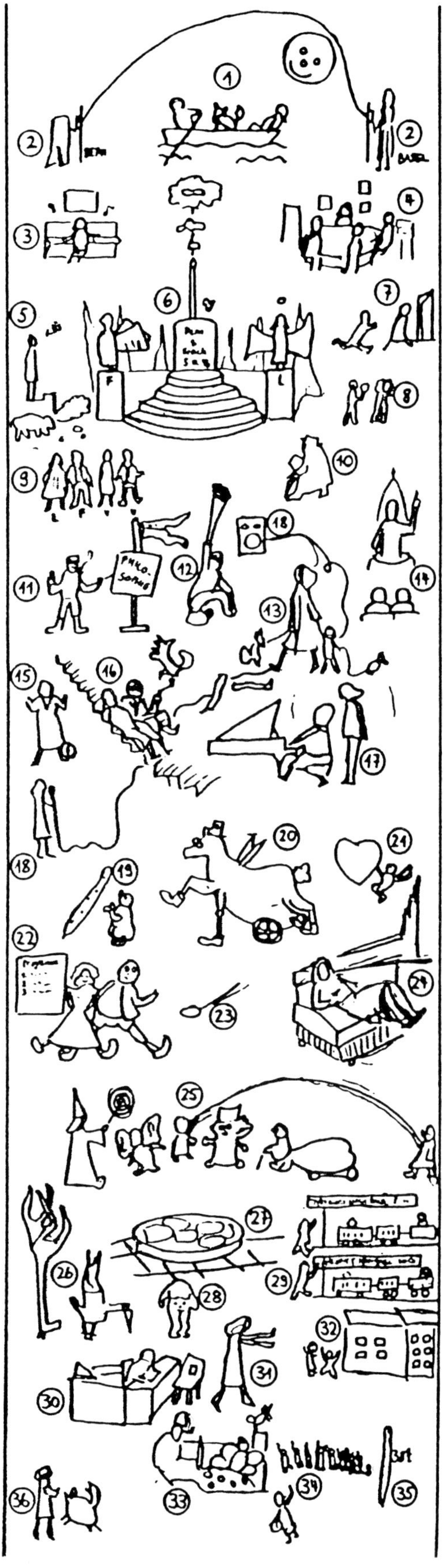
BERN
BASEL
PHILO-
SOPHIE

Die Kaminzeichnungen

Dargestellt sind Szenen aus dem Philosophiestudium und vor allem aus der Freundschaft und jungen Ehe Dürrenmatts mit der Schauspielerin Lotti Geissler. Die Zeichnungen sind wesentlich später als die großen Wandmalereien entstanden, vermutlich zwischen 1946 und 1947 oder noch später, als Dürrenmatt bereits in Basel wohnte, die Mansarde aber immer noch als Berner Absteige benutzte. Die Chronologie der dargestellten Ereignisse ist nicht linear.

1. FD rudert unter der Sonne mit Lotti und ihrem Spitz Ping-Ping, vermutlich auf dem Bielersee.
2. FD telefoniert in Bern mit Lotti, die in Basel als Schauspielerin engagiert ist (Wandtelefone).
3. Lotti am Klavier.
4. Szene am runden Eßtisch an der Laubeggstraße.
5. Lotti ruft nach Ping-Ping, die läufig ist und von Hunden verfolgt wird.
6. Denkmal: »Dem 1. Krach 5.IX.46«. Links »F«, rechts »L« als Engel. Lotti mit Heiligenschein, dem Betrachter zugewandt, FD ohne Heiligenschein, wendet sich nach links ab und kehrt Lotti den Rücken zu.
7. FD läuft hinter Lotti her, die durch eine Tür [ins Haus] flüchten will.
8. FD mit Blumenstrauß bei Lotti und ihrer Mutter?
9. Spaziergang [v.l.n.r.]: »L« [Lotti], »F« [FD], »V« [FDs Schwester Verena Dürrenmatt oder Verena Geissler, Lottis Schwester], »U« [Ueli Geissler, Lottis Bruder].
10. Der Pate Läderach, Missionar und Gefängnispfarrer (vgl. *Die Brücke* in *Turmbau*).
11. FD oder Ueli Geissler beim Philosophie-Dozieren.
12. FD mit Blumenstrauß auf Nachttopf, evtl. in Verbindung mit 18?
13. Lotti mit Spitz und Kind [Peter?, geb. 1947]
14. Trauung von FD und Lotti durch FDs Vater, Pfarrer Reinhold Dürrenmatt, 12.10.1946?

15. FDs Mutter, Hulda Dürrenmatt.
16. FD und Lotti auf Mattetreppe in Bern, Urszene ihrer Liebe.
17. Lotti singt, ihre Mutter Cécile Falb begleitet sie am Flügel.
18. Lotti am Mikrophon (Radio), mit Kalenderblatt Donnerstag 5. Sept. [1946?], Empfangsgerät bei 12.
19. FD bettelt um »Landjäger«-Wurst?
20. Kurzsichtiger, fluguntauglicher Schweizer Pegasus mit Riesenbauch auf Rädern.
21. Eros mit Herz.
22. Lotti und FD mit »Programm: 1. I ha di grüsel 2. I bisse d'Öhri 3. I gange ga morde« [Ich hab dich schrecklich lieb/Ich beiß dich ins Ohr/Ich geh morden].
23. Löffel?
24. Lotti entspannt sich auf dem Sofa [in Verena Dürrenmatts Mansarde].
25. Zauberszene: Zauberer, Gnom mit Riesenohren, Gnom mit Wasserkopf, Gnom mit Riesenbauch, auf Rädern nachgezogen, rotes Wesen.
26. Alles steht Kopf: Giraffe, Mann mit Zylinder und Regenschirm.
27. Platte: Sandwiches, belegte Brötchen, Fleisch?
28. Körperfrau [ohne Kopf, aber Brüste und Gesicht im Bauch].
29. Bahnhofszene: »Abfahrt nach Basel 8«, »Ankunft von Basel 20.50«. FD winkt und Lotti sitzt im Zug.
30. FD am Schreibtisch, evtl. in Basel.
31. Lotti.
32. Freude über neu gefundene Wohnung in Basel?
33. FD besucht Lotti am Wochenbett?
34. Lotti auf der Theaterbühne vor Publikum, mit Fieber? (vgl. 35)
35. Fieberthermometer zeigt 38 1/2 Grad.
36. Lotti mit trächtigem Spitz?

Die Legenden zu den Szenen basieren auf Angaben von Dürrenmatts Schwester, Verena Dürrenmatt, und Deutungen des Restaurators Philippe Ganz, der auch die Strichzeichnung anfertigte.

Ludmila Vachtova

Dämonen der Mansarde –
ein frühes Hauptwerk

Die Familie Dürrenmatt zog 1935 nach Bern um. Der Wechsel hatte Folgen. Am Ende der Kindheit veränderte sich für den vierzehnjährigen Fritz die unmittelbare, situationsbedingte Weltanschauung total. Die sichere Wahrnehmung eines Horizontes stimmte nicht mehr. In Konolfingen entfalteten und verwickelten sich die Knabenexpeditionen über Felder und Wiesen in die Breite. Die Stadt hingegen, faustisch geplant und vertikal geschichtet, ließ sich streckenweise als Labyrinth erfahren. Mit rebellischen Umwegen begann in Bern F.D.s Weg zu Freundschaften und in die Einsamkeit. Die Szene war urban, der Kindertraum, Maler zu werden, blieb. Die zeichnerische Unschuld der Nibelungenschlachten, mit welchen F.D. die Schulhefte in Konolfingen füllte, war dahin. Andere Klassiker standen auf dem Programm. Johann Wolfgang Goethes Lebensweisheiten wußte der miserable Schüler des Humboldtianums in schnelle Karikaturen umzusetzen, und magische Motive aus dem *Faust* kritzelte er mit Vorliebe vor die Silhouette des Berner Münsters. Die längst verschollenen Kohlezeichnungen, von Gotthelfs *Schwarzer Spinne* inspiriert, bleiben auch heute für Dürrenmatts Jugendfreunde als souveräne Bildwerke in Erinnerung.

Literatur oder bildende Kunst? Staffelei oder Schreibtisch? Noch war nichts entschieden. 1941, als F.D. mit Gottes Hilfe die Matura doch bestanden hat und seinem Vater aus seiner »Re-

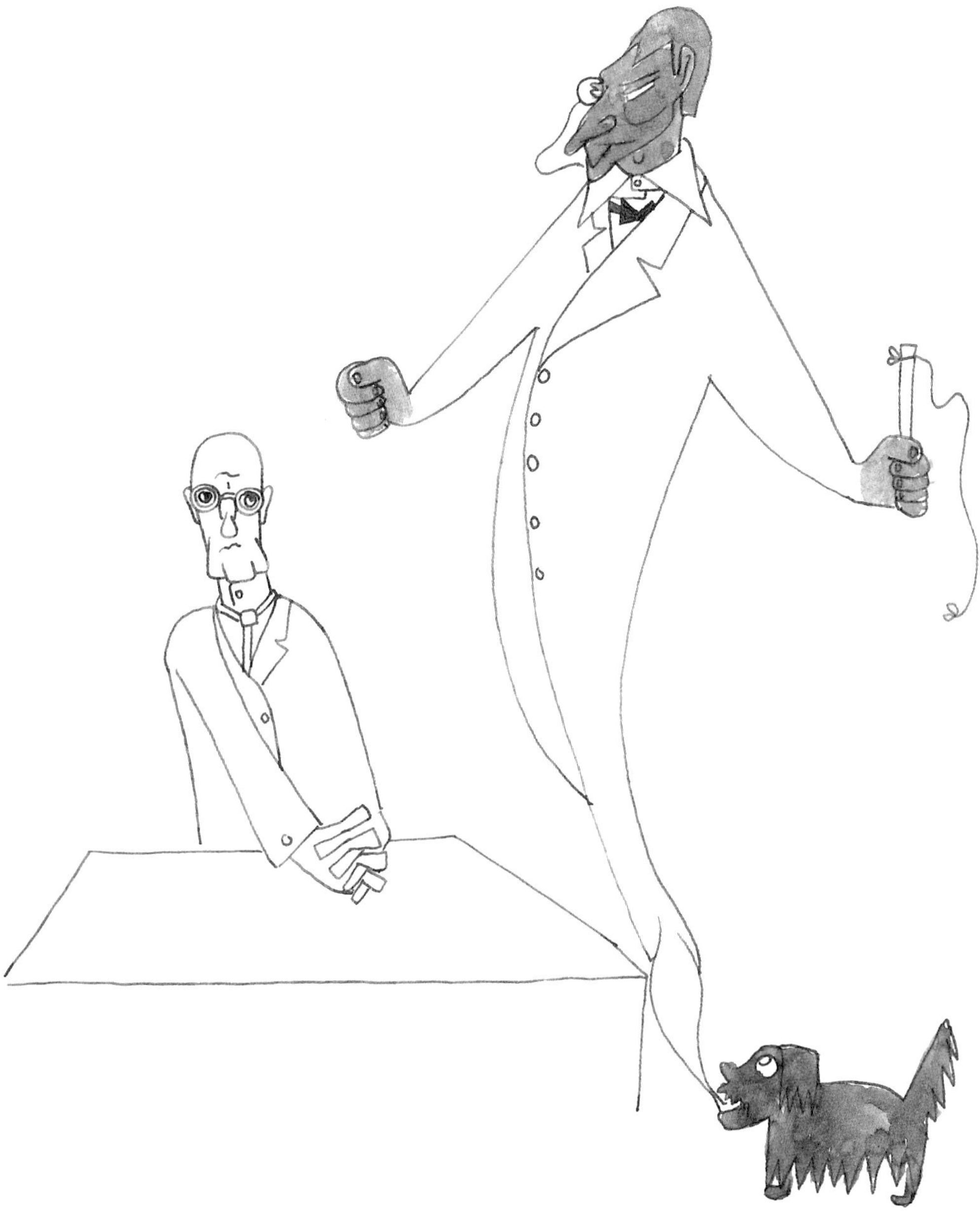

Faust-Karikatur. Tinte, ca. 1938

traite« im Kiental analytisch exakt berichtet, warum er auf eine Malerkarriere verzichten müsse, rivalisieren die beiden Leidenschaften noch mit ungeschwächter Intensität. Im Spätherbst 1941 läßt sich F. D. an der Berner Universität immatrikulieren und beginnt eher symbolisch Germanistik, Literatur- und Kunstgeschichte zu studieren. Um den angehenden Akademiker besorgt, überläßt ihm die Mutter Hulda Dürrenmatt in der Laubeggstraße 49, wo die Familie ab Juli 1942 wohnt, als Schlaf- und Arbeitszimmer einen frisch gestrichenen Raum im Dachstock des Hauses. Die Sache nimmt somit ihren dramaturgischen Gang. Die Mansarde, manchmal vierundzwanzig Stunden in Betrieb, wird zu einer Gegenuniversität mit denkbar alternativen Kolloquien. Bildhafte Worte schießen durch die Luft und provozieren die leeren Wände. Eines Tages, es muß im Sommer 1942 gewesen sein, als der Studiosus wegen Kurzsichtigkeit aus der Rekrutenschule entlassen wurde, zeichnet er auf den hellen Verputz der Ostwand zwei Augen. Der fremde Blick entfesselt eine Lawine. Hektisch wird ein dazu passendes Gesicht mit Hut gefunden. Figur reiht sich an Figur, die Dimensionen wechseln sich ab, simultan und synchron, groß oder klein, wuchern in alle Richtungen seltsame Wesen: gekrönte Häupter und kopflose Artisten neben Soldaten und Bürgern. Ob beflügelt, dreibeinig oder amputiert, splitternackt oder im Frack, gestikulieren alle, winken, stechen und schießen in einem nicht gerade sinnvollen Treiben. Zu viel Aktion und nirgends ein Sieg.

Rot, gelb und blau betont, versammelt sich die Brut, gerettet oder gestrandet, auf einer Barke. Aus einem Gedränge von Mythos und Alltag, Komparsen und Protagonisten entsteht eine un-

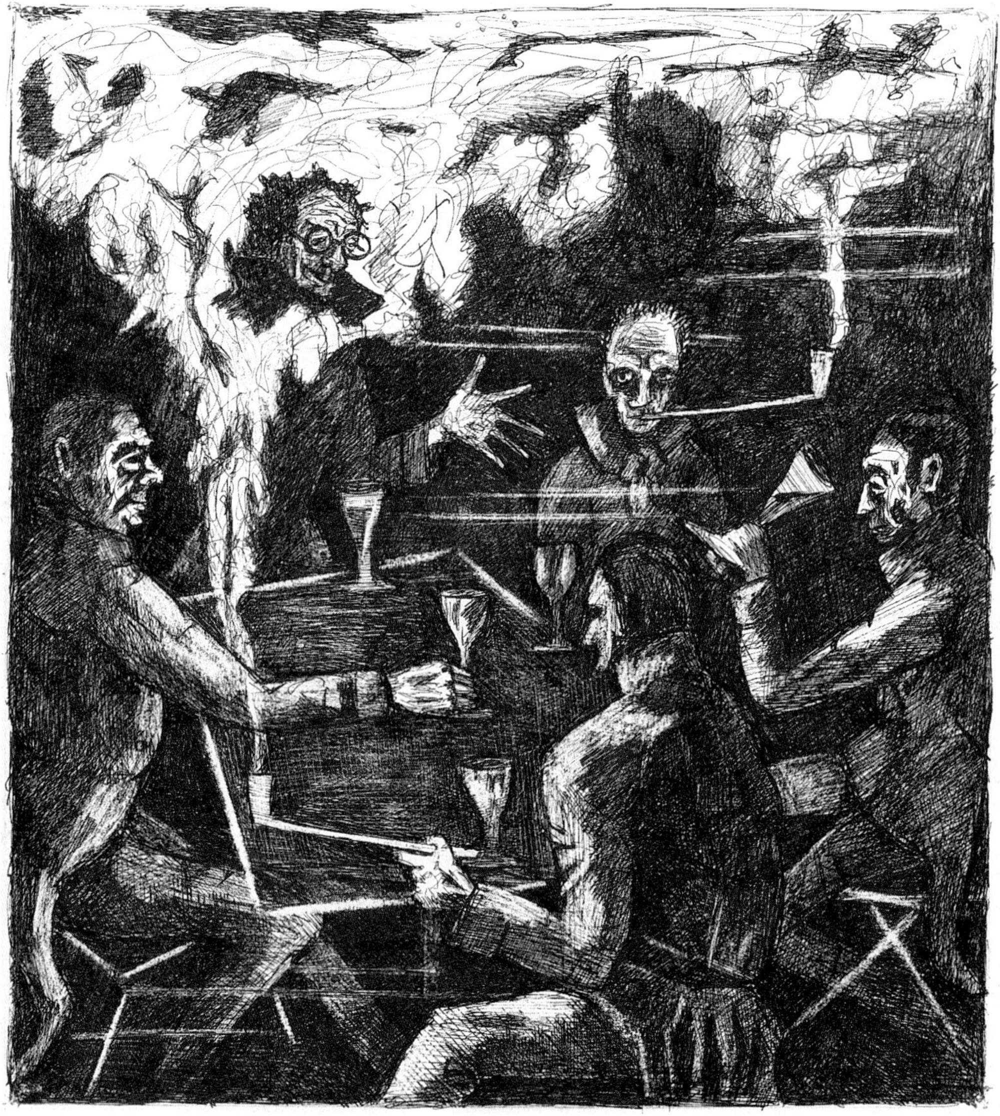

Zeichnung nach Motiven von E.T.A. Hoffmann
[vermutlich Serapionsbrüder]. Tusche, undatiert (ca. 1940)

sagbare Saga des Jahrhunderts, welche von links außen Friedrich Nietzsche mit ausgestrecktem Arm verabschiedet. Wo der Pfarrerssohn aus dem sächsischen Röcken so deutlich erscheint, ist auch der tote Gott in der Nähe. Unverzüglich nach den »Großen Abenteuern der Menschheit« und gleich schnell malt Fritz oberhalb von seinem Bett eine »Skurrile Kreuzigung«. Die schräge Wand begünstigt die dramatische, in großen Formen diagonal angelegte Komposition mit dem toten Christus, Soldaten und Gaffern und einem unbarmherzigen Gottvater, von welchem sich ein noch gefesselter Prometheus abzunabeln versucht. Irgendwann nach einer durchzechten Nacht, so wird erzählt, zeichnet F.D., wie es sich gehört, ein Kreuz über die Tür. Ein einfaches, abstraktes Piktogramm folgt auf das üppig blutige Todesspiel. Der Raum und sein Bewohner werden dadurch nicht erlöst, nur die Malwut geht weiter und springt auf die schmale Kaminmauer über. Mehr zeichnend als malend, bedeckt der Nichtschläfer das vertikal betonte Format mit einer sehr unerotischen Salome, die mit dem Haupt des Johannes die Berner Kriegsnächte überwachen wird.

Es bleibt noch Platz. Rechts neben der Fensternische gegen Westen, unter welcher Dürrenmatts Schreibtisch steht, entfaltet er auf der schiefen Wand eine ziemlich komplizierte, spiralenartig aufgebaute Tondo-Komposition, die mit einem pervertierten Pietà-Motiv kokettierend Hinweise zu frühen dramatischen Versuchen verbirgt. Die Nordwand des Kamins nimmt eine in rot gehüllte Figur in Besitz, die den üblichen Attributen nach Dante sein könnte. Um diese Suggestion zu bestärken, steht vor der Malerei »live« ein sogenannter Dante-Stuhl. Wenn sich F.D.

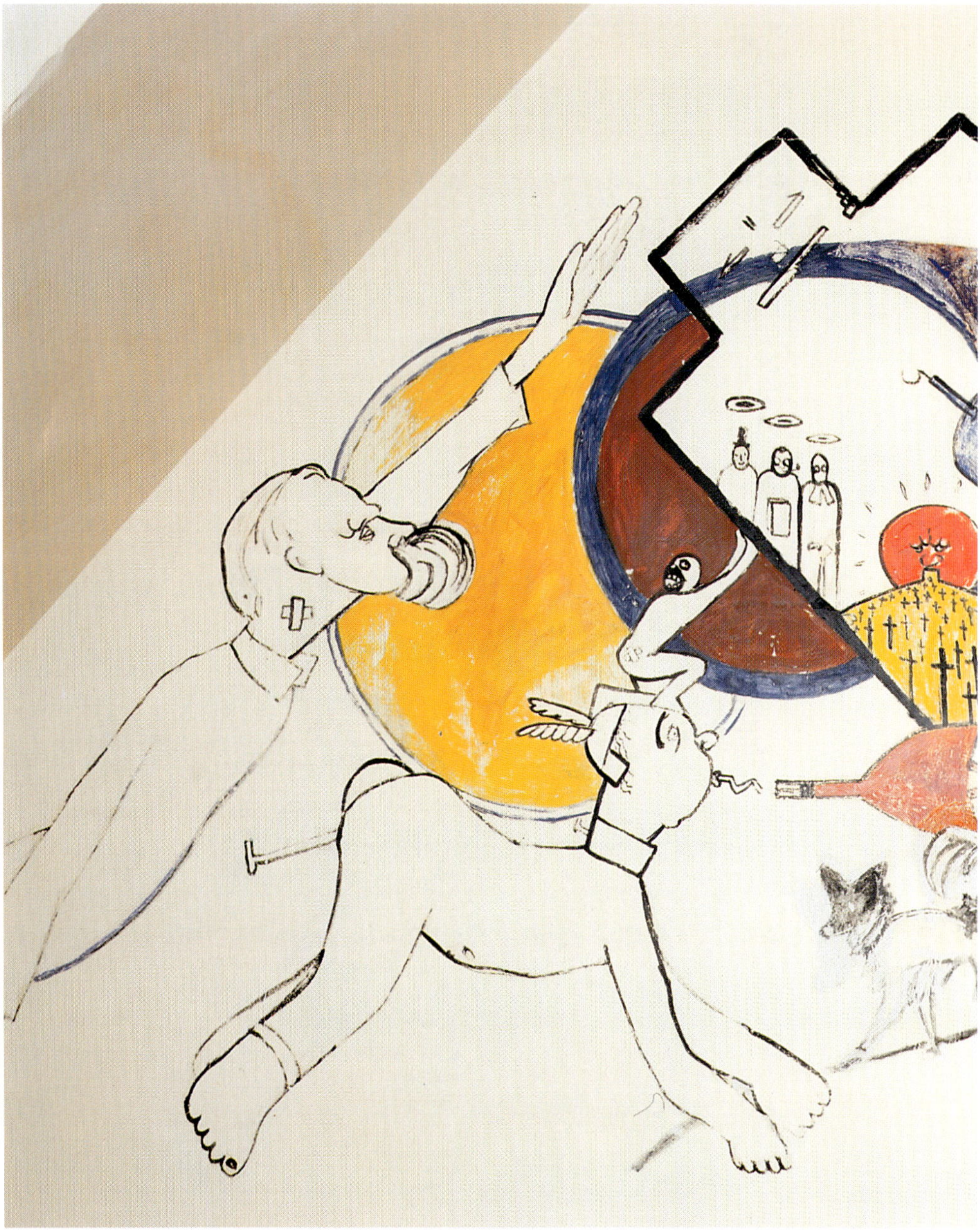

»Die großen Abenteuer der Menschheit« (Detail)

Satz vom zureichenden Grunde des Werdens.

Kausalität nur dort wo es sich um Zustände 2. Objekte handelt.
Diesen Zustände Ändern sich.

S. v. z. g. des Wollens und Handelns.
Obj. des inneren Sinnes. Ich.
Wie ist Selbsterkenntnis möglich. wie kam das vorst.
Ich als Term. a quo das wollende Ich das als Term. ad quem.

S. v. z. g. des Erkennens

Ein Urteil ist dann wahr, wenn es auf der Erf. beruht.

Der Urwille

Schoph. ein Meister der analogie.

Die Platonischen Ideen werden bei Schopenh. zu den Objektivationen des Willens die sich untereinander bekämpfen

—

Transeunte Kritik.
Welt meine Vorstellung. Fehlschluss des Genitiv.
Wesen der Welt Urwille.

Axiologisches Argument. Das Individuum ist und bleibt ein Selbstwert. Nur eine individuelle Unsterblichkeit. la mort sans phrase. Schopp.h. philos. Weltmord.

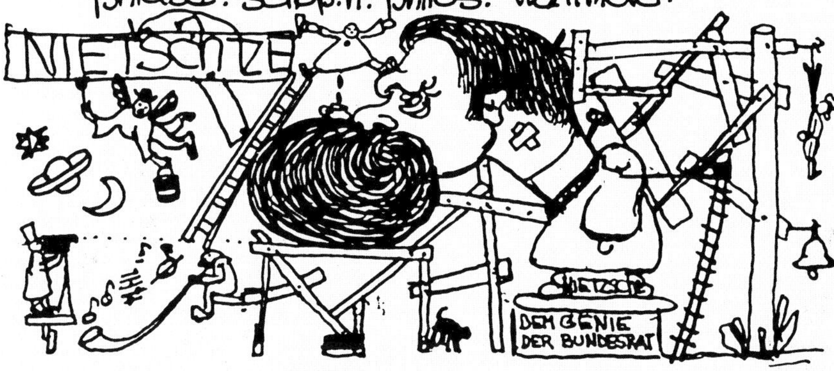

Notizen aus dem philosophischen Seminar. Tinte, ca. 1943/44

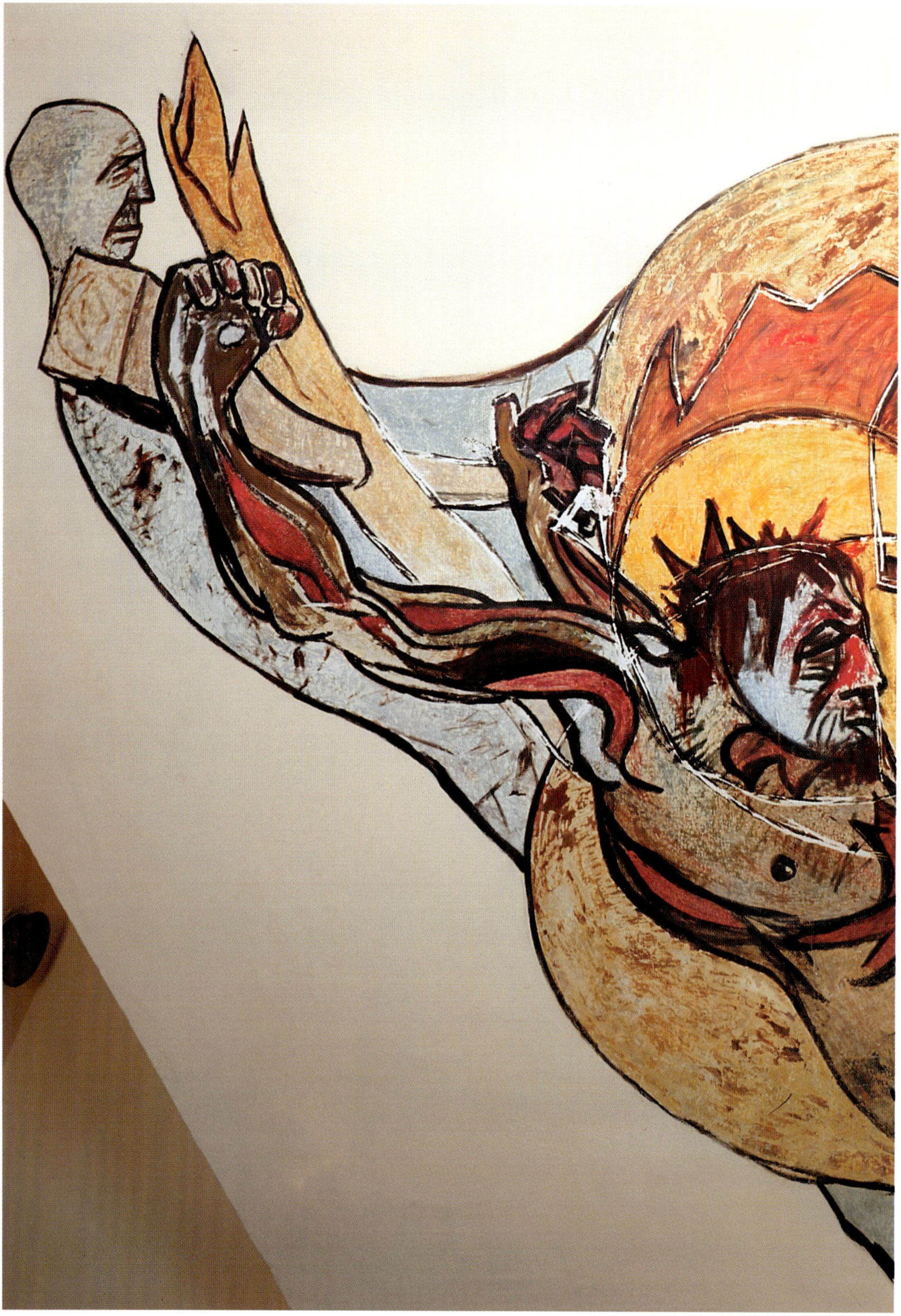

»Skurrile Kreuzigung« (Detail)

dort hinsetzt, hat er die bleich gemalten Hände um den Hals. Der Dichterfürst und Begleiter durch die Unterwelt verwandelt sich in einen Würger. Auf die Stirnwand neben der nördlichen Fensteröffnung knallt F. D. schließlich in gewohnter Eile einen schrecklich farbigen Medusenkopf, der später als zärtliches Gegenüber einen Marienkäfer bekommt. Der Kontrast ist groß, und dennoch wirken beide Symbole gleich ängstlich.

Der Maler war fertig – das Werk jedoch unvollendet. Einstimmig erinnern sich Zeitzeugen, daß die Mansarde noch vor Dürrenmatts Abgang nach Zürich, also vor dem November 1942, bemalt wurde. In der Limmatstadt hielt er sich zwar in der Nähe des Malers Walter Jonas auf, den er als seine »literarische Hebamme« verehrte, die Wände der Zürcher Mansarde berührte er aber nicht. »Nihilistischer Dichter«, schrieb er auf deren Tür.

Der Ehrgeiz des Berner Kunstabenteuers ist nicht zu unterschätzen. Mit einundzwanzig, ohne Ausbildung und auch ohne Vorzeichnungen oder Skizzen, bewältigt F. D. in wenigen Monaten vier Großformate, die formalästhetisch so unterschiedlich, ja widersprünglich sind, als ob sie aus verschiedenen Händen stammten oder zwischen ihnen Jahre der Entwicklung und des Zweifels liegen würden. Auch thematisch weisen sie kein geschlossenes Konzept auf und erscheinen eher als unter dem Druck der Stunde und des Tages improvisiert. »Die großen Abenteuer der Menschheit« bewegen sich zwischen den Karikaturen der satirischen Schweizer Zeitschrift ›Nebelspalter‹ und der großen Ironie von George Grosz. Die Kreuzigung, vielleicht die anspruchsvollste Komposition, bezieht sich deutlich auf Michelangelos Sixtinische Kapelle, im besondern auf die Schöpfung von

Adam. Die Salome bemüht sich um eine schwungvolle Stilisierung und ungewöhnliche Farbakkorde, wirkt aber doch stumpf und flach. Die gehackten Liniensegmente, welche die Figur von Dante bestimmen, erinnern an einen vergröberten Holzschnitt. Die Kreislinien der falschen Aureolen in der düsteren Tondo-Komposition rufen eine seltsame Mesalliance von mittelalterlichen Manuskripten und expressionistischen Filmen hervor. Bosch und Grosz, Dürer und Rembrandt, Böcklin und Dix, bei vielen Großen und verschiedensten Epochen scheint Dürrenmatts Neugierde Hilfe zu suchen und bevorzugt dabei die deutsche Kunst und Kultur. Aus dem fast ausufernden Synkretismus oder, postmodern gesagt, aus der ästhetischen Offenheit, läßt sich erklären, warum Fritz im Brief an seinen Vater über die Berufswahl mit so vielen Argumenten seine These unterstützt, daß bildende Kunst ganz und gar das Problem der Form sei. Zwar hat er seine Bilder schon, braucht aber noch Anleihen, um sie sichtbar zu machen, denn die Form ist noch nicht adäquat präsent.

Die Inspirationsquellen für den zerfahrenen, aber auch faszinierenden Wandzyklus waren vielschichtig. Nach Dürrenmatts Ankunft in Bern zeigten zwar das Kunstmuseum und die Kunsthalle kein international bahnbrechendes Ausstellungsprogramm. Immerhin aber waren Rembrandt, Daumier, Klee, Kandinsky, Picasso und Gris oder die Künstler der Berliner Galerie ›Der Sturm‹ mit Marc Chagall, Oskar Kokoschka und August Macke zu sehen. Museumsbesuche gehörten sich für den Pfarrerssohn. Als ausgesprochener Bücherwurm versäumte er auch keine Gelegenheit, neue Bildinformationen zu erhalten und begnügte sich nicht mit den theologischen Schriften aus der Bibliothek des

Vaters. Allerdings stützen die Realisationen in der Mansarde den Verdacht, daß der Tiefstapler F. D. über Vergangenheit und Gegenwart der bildenden Kunst besser im Bilde war, als er je zugegeben hat. Die erfolgreiche Erneuerung der Schweizer Wandmalerei war damals, nach der Zürcher Landesausstellung 1939, ein beliebtes Thema unter Fachleuten. Um so mehr überrascht, daß sich der junge Kunstfanatiker keinen Deut um Hans Erni, Heinrich Danioth oder Jakob Otto Plattner kümmert und sein Qualitätsmaß ausschließlich bei der internationalen Elite ansetzt. Die Kunst, hochgescheit und exklusiv, hat mit dem Land der Bauern und Hirten nichts gemeinsam. Trotz dieser maximalen, fast überspitzten Ansprüche ist bei dem malenden Fritz bereits damals eingepflanzt, was der schreibende Dürrenmatt später als »Dramaturgie des Scheiterns« bezeichnet. So macht er die Grenzen zwischen Unbeholfenheit und Raffinement fließend und versucht, mit den Mitteln der Karikatur ein monumentales Bildpanorama zu gestalten oder mit pathetisch aufgewühlter Malschrift jegliches Pathos auszumerzen. Einfältig wirken seine Strategien nie. Fritz, ein Fuchs, vertuscht manchmal mit dem Bild auch dessen Spuren, macht keine übersichtliche Buchhaltung, wie es die Kunsthistoriker gerne hätten, und überläßt perfid überlagerten, kleinen Geheimnissen ein möglichst großes Spielfeld. Die Kunst ist ein Rätsel, die Bilder aber nicht zum Dechiffrieren da. Auch dort, wo sich die Inhalte beinahe didaktisch gebärden, muß man mit den Sprüngen des Quertäters rechnen.

Die Art, mit welcher die Figuren dieses großen Weltgeschehens zusammen- und übereinanderwachsen, könnte Hans Prinzhorn, den Erforscher schizoider Abarten, befriedigen, wenn sie nicht dem Wundervokabular des historischen Manierismus entnommen wäre. In einem assoziativen Fluß erscheinen auf den Waden, Hintern oder Bäuchen der Weltmännchen hybride, spitze Gesichter, von den armen Teufeln aus den mittelalterlichen Belial-Geschichten inspiriert. F. D. trickst und täuscht authentische Dokumente vor. Scharf gezeichnet und eindeutig sind zwei verschiedene Sachen, und wo sich privat und öffentlich, lokal und international zusammentun, scheitert schließlich auch der verlockende Versuch, die Porträtkarikaturen zu identifizieren. Die französische Marianne erscheint als eine greise Walküre, das Gesicht von Churchill dient als Sockel für ein trojanisches Pferd, an der Brust eines griechischen Helden – die sich zugleich zur päpstlichen Tiara wölbt – wärmen sich die Fratzen von Hitler und Mussolini. Genosse Außenminister Molotow mit Monokel, Stehkragen und im perfekt englischen Anzug könnte ebensogut mit Anthony Eden alternieren, ein mächtiger Urgermane, bebrillt, trägt einen Stalin-Schnauzer, während ein Abgott des Chaos unter der roten Fahne Lenin ohne Bart gleicht. F. D. Roosevelt suggeriert mit seinem Hut einen perfekten Glarner, während Bundesrat Eduard von Steiger, für Militär und Polizei zuständig, sogar General Woroschilov optisch ersetzen könnte. Hier ein bißchen Schuschnigg, dort ein wenig Chamberlain, ein Stück von Daladier, ein anderes von Pétain, und überall mischen sich unter die Mächtigen kleine Fritzlis mit Pfeife, wie auch ein Haushund, der später durch Ping-Ping, den Spitz von Dürrenmatts Frau Lotti ersetzt wurde – der Weltmythos als Familientratsch.

Die »Skurrile Kreuzigung« trotzt dieser erzählerischen Leichtigkeit und Ironie mit schweren, felsenartigen Formen, die zwi-

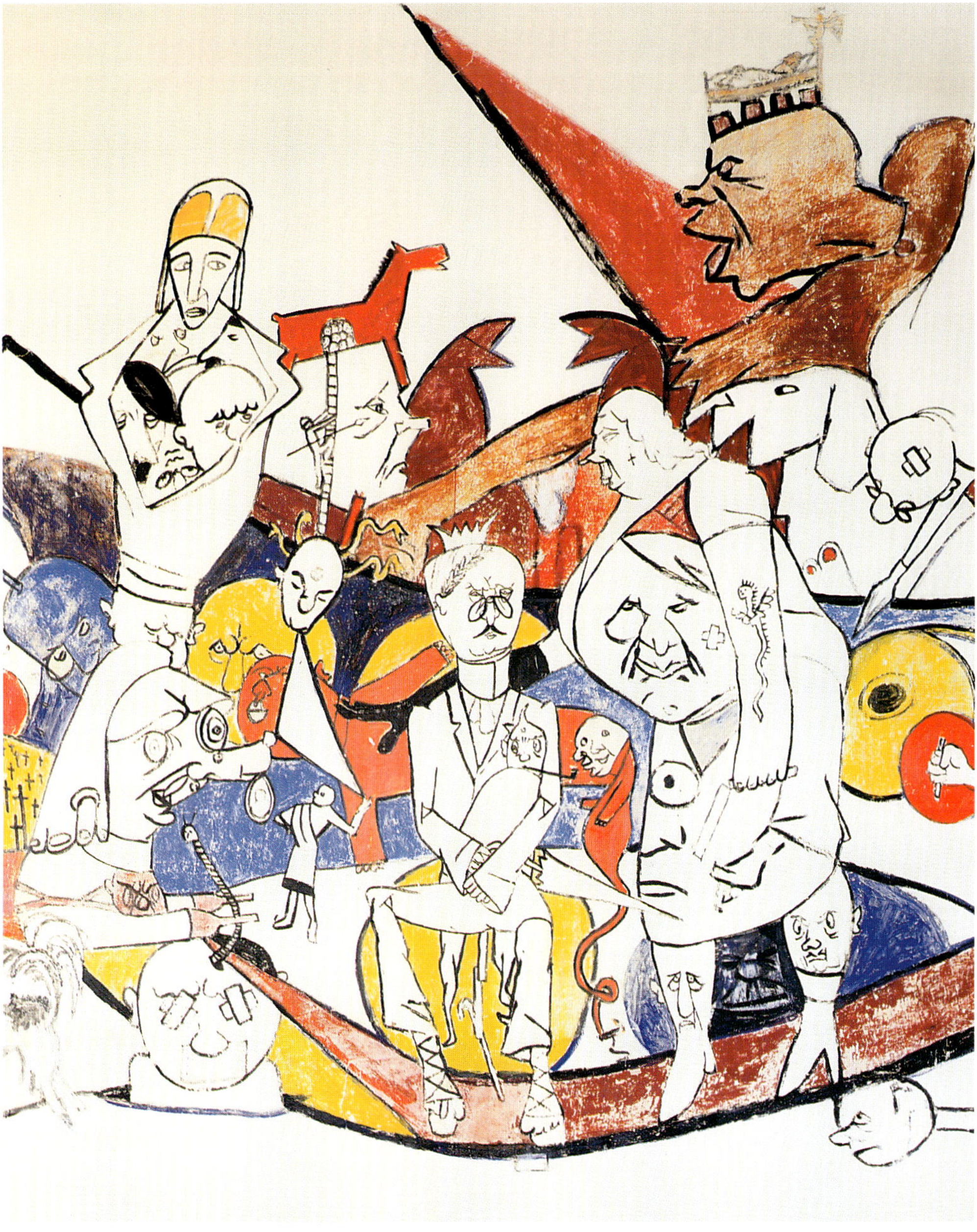

»Die großen Abenteuer der Menschheit«
(linker Teil, Detail)

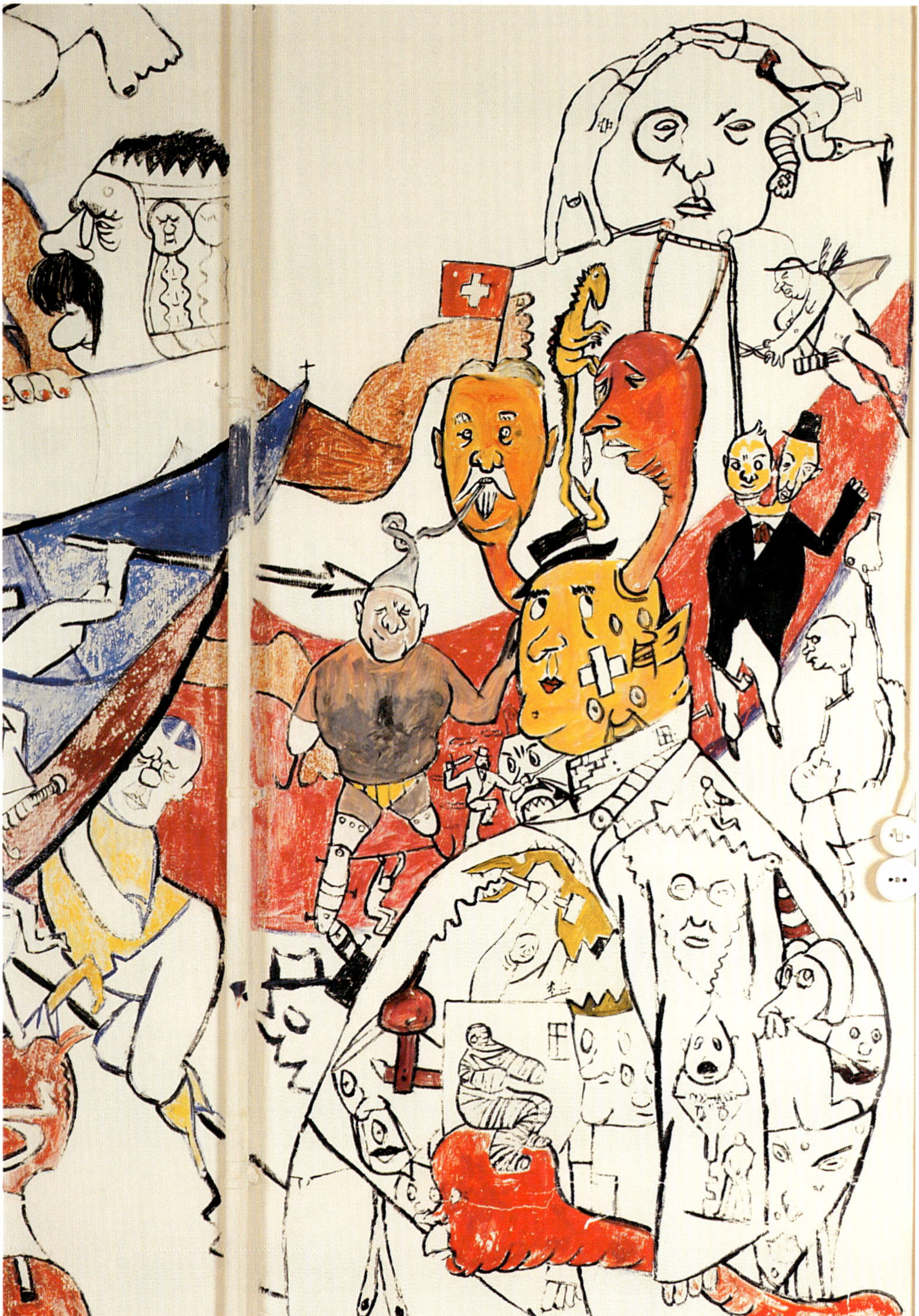

»Die großen Abenteuer der Menschheit«
(rechter Teil, Detail)

schen Michelangelo und Max Beckmann vermitteln und gleichzeitig auch eine Grablegungsszene bilden. Die Figur des Prometheus, einem anderen Mythos und einer anderen Denkart entsprungen, steht als Symbol für schmerzhafte, anarchische Freiheit. Das Angebot der Andeutungen wächst zusehends. Ist der rote Dante vielleicht doch ein Luzifer? Ist es ein Zufall, daß der merkwürdige Inhaber eines echt gefälschten Hieronymus Bosch in der Erzählung *Das Bild des Sisyphos* (1945) Rotmantel heißt? Noch komplizierter erscheinen Überlappungen und entschärfte Interpretationskonturen bei dem Tondo, welches Dürrenmatt selbst in die Nähe der frühen Theaterstücke, vor allem der *Komödie* (1941–43) stellt. Im zentralen Geflecht von Figuren, Gesichtern, verstümmelten Gliedern und Prothesen kann man Anspielungen auf den »einbeinigen Rasputin« und die blasphemische Muttergottes entdecken. Ein Bub ohne Beine am Rande des Fußballplatzes in Konolfingen erscheint in einer Bruchsekunde als Kindheitserinnerung, und ein Vollamputierter steckt auch in »Die großen Abenteuer der Menschheit«, aber erst in der Gegenüberstellung mit dem »Jonathan« aus dem 1944 konzipierten *Winterkrieg in Tibet* leuchtet die apokalyptische Metapher ein: »Vor mir in einem Rollstuhl saß ein beinloser Söldner. Statt Arme hatte er Prothesen, die linke war eine Stahlstangenkonstruktion, die in eine Maschinenpistole überging. Die rechte endete in einer künstlichen Hand, die aus Zangen, Schraubenziehern, Messern und einem Stahlgriffel bestand. Der untere Teil des Gesichts war ebenfalls aus Stahl, an der Stelle des Mundes war ein Schlauch.« Der Ich-Erzähler, ein »Promovierter«, übernimmt das Schicksal des Söldners und ritzt mit seiner

Platz von ruinen umgeben. rechts unter einem mauervorsprung ferkelschrei ohne arme und beine in einem korb. links in einem mauerloch fliegendreck mit einer hure. man sieht nur beider beine. in der mitte des hintergrundes eine schlecht brennende laterne. an ihr hängt einer. ganz links lehnt an einer mauer adam. nacht regen. ferkelschrei schnarcht

adam Ich heisse adam. mein alter habe ich vergessen. ein mann hat mich gezeugt ein weib geboren. ich habe viele menschen getötet. jetzt ist der krieg zu ende. ich bin in eine stadt gekommen. sie ist zerstört wie die andern auch. ihr name ist vergessen. ich werde mühe haben einen unterstand vor dem regen zu finden

ferkelschrei wer lamentiert da so! wer treibt sich da im regen herum! wer will da im gossenwasser versauffen!

adam gibt es unterstand bei dir

ferkelschrei ein loch zum dreinsitzen. aber die ratten werden dir den hintern wegfressen

adam tastet sich zu ferkelschrei hinüber und tritt dabei fliegendreck auf den fuss

fliegendreck he! kann einer nicht seine portion unzucht haben! kann einer nicht mit ruhe zwischen zwei schenkel liegen. scher dich zum teufel

adam was schreit einer da

›Komödie‹ (Manuskript), 1943

Prothese endlose Zeilen in die Wand. Falls die Datierung der Berner Wandmalereien mit 1942 stimmt, bedeutet diese Koinzidenz nur eines: Bevor Dürrenmatts Stoffe Wort geworden sind, waren sie Bilder, eine Tatsache, die den Stellenwert der bildenden Kunst innerhalb des Œuvres beträchtlich verschiebt.

Als Fritz D. 1943 von Zürich mit Gelbsucht nach Bern zurückkehrte, war die Mansarde bereits bemalt. Die Bilder, darin sind sich die verbliebenen Freunde einig, waren kein Gesprächsthema. Man hat sie als Jux, Farce oder Traumwelt einfach zur Kenntnis genommen. Geredet wurde bloß über das Wesentliche. Seltsam, denn für den theoretisierenden Epikureer war damals die bildende Kunst alles andere als Nebensache. Hat er tatsächlich mit dem Berner Kunsthistoriker und Renaissance-Spezialisten Wilhelm Stein nur über Stefan George diskutiert? Und wer war der »Kunstmaler mit Frau« aus dem *Turmbau*-Zitat, der in seiner Nähe erschien? Vielleicht Friedrich Dürrenmatt selbst? Sehr wahrscheinlich gab es um ihn Kreise, die sich nicht berührten.

Die Situation der Mansarde mit Fensternischen und abgeschrägten, bemalten Wänden, fast schon ein Trauma, taucht mehrmals in den Schriften auf, in *Die Stadt*, in *Aus den Papieren eines Wärters*, in den ›Stoffen‹. Der Raum, körperlich erfahren, wird genau porträtiert, die Malereien knapp erwähnt. F. D. tarnt sich. »Fritzer«, wie ihn seine Freundin, die Walliser Malerin Christiane Zufferey nannte, wußte bestens Informationen zu tilgen, zu redigieren und die glaubwürdigsten Fehlmeldungen zu verbreiten. Dies gehört auch zum Handwerk des noch nicht ganz geborenen Schriftstellers, dem die Kunst, und auch die eigene, sehr am Herzen liegt.

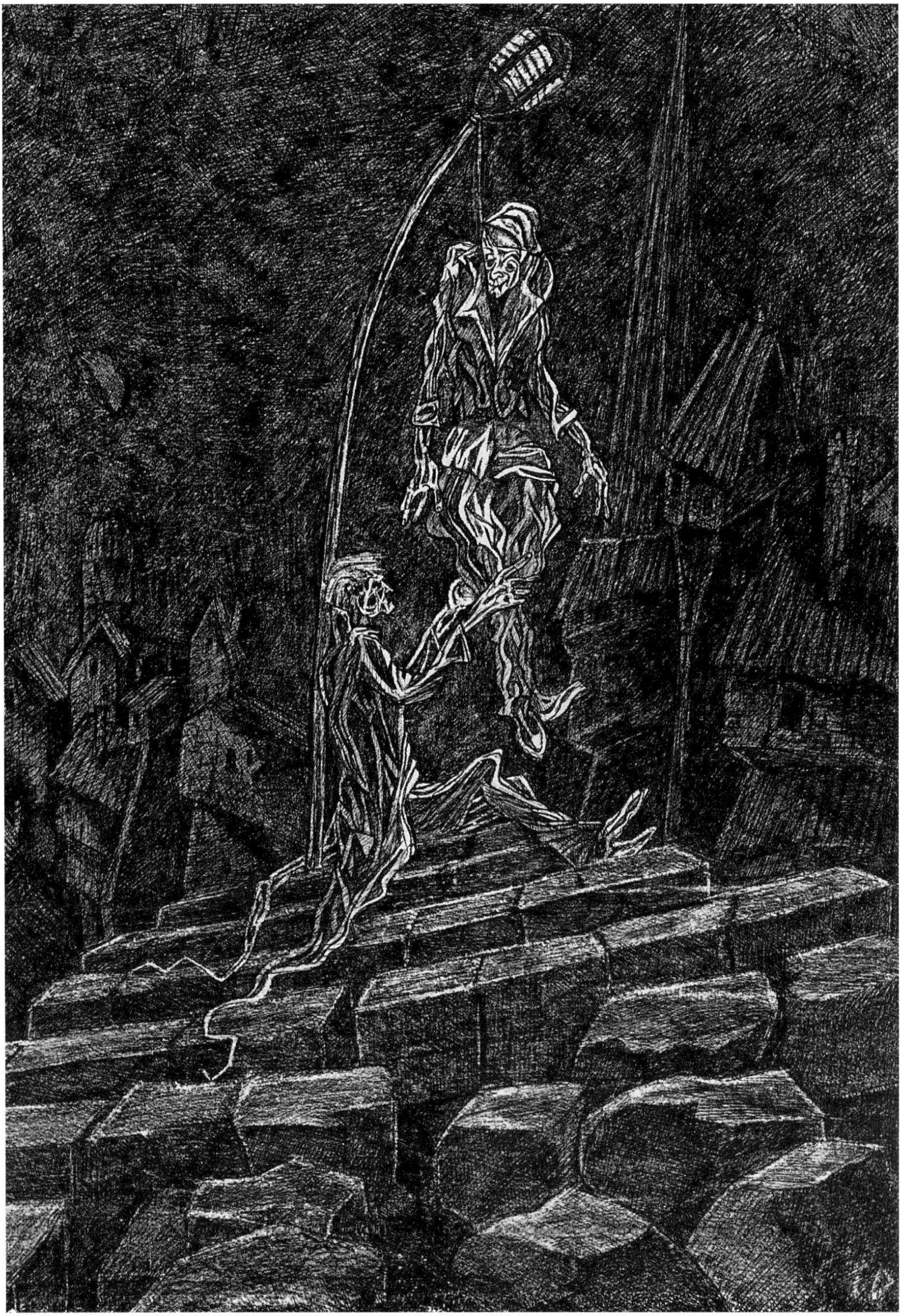

»Soldat und gehenkter General«. Tusche, 1943

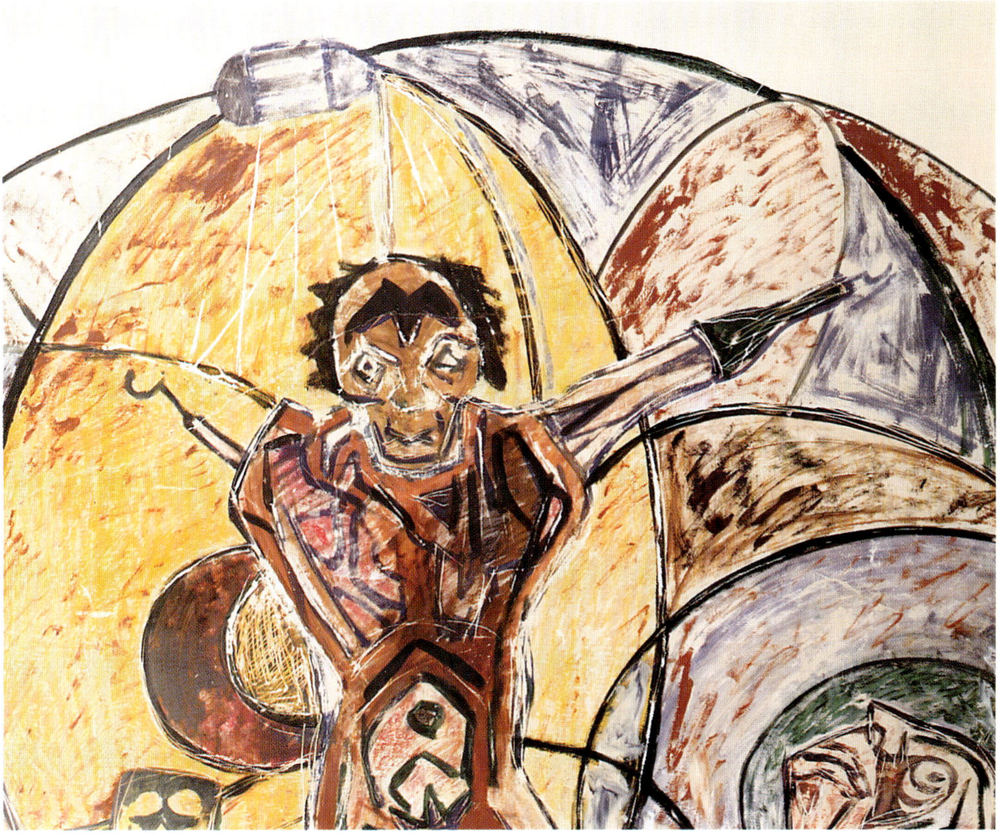

Tondo-Komposition (Detail)

Der komische, weich geratene Junge, dick bebrillt und mit Wattebäuschen in den Ohren, weiß über sein Befinden ganz genau Bescheid. In dem eigenen Bau und Nest malt er sich Hoffnung und Angst von der Seele und hadert um die Transzendenz. In seinem genialen Wurf entgegen der Zeit und der Schweizer Kunstproduktion stellt er seine Auffassung einer farbig gerafften Monumentalität und gleichzeitig sein dilemmatisches Lebensthema vor: ein unmöglicher, doch verführerischer Versuch, barocke Sündhaftigkeit mit protestantischem Aufrechtdenken zusammenzubringen.

Ohne Öffentlichkeit, dafür mit hochgesteckten Ansprüchen und großen Erwartungen betritt der Junge die Arena der Malerei und nimmt auch gleich den Abschied. Ohne Niederlage, aber auch ohne Sieg entfernt er sich mit Schmerz. Noch in den Zeichnungen »Apokalyptische Reiter« (1943) und »Die Welt als Theater« (1943–45) spürt man die Dämonen der Mansarde. Dann werden sie ausgetrieben – oder bloß ausgeklammert?

Der Krieg ist zu Ende, Dürrenmatts Schlachtfelder verlagern sich anderswohin, Christiane Zufferey geht 1946 nach Paris, Fritz heiratet im Herbst die Schauspielerin Lotti Geissler. Auf die noch freie Kaminwand zeichnet er – klein und ungewöhnlich sanft – die Stationen der Liebesgeschichte. Andere Zeiten bringen andere Bilder, ein Love-Comic ersetzt das Weltgeschehen, der ewige Student bricht endgültig mit der Alma mater, ohne Doktorat. F.D. wird Schriftsteller. Ab und an verspürt er Lust auf die Wand. In Basel, wo die junge Familie vorerst haust, schmückt er mit gemalten Girlanden ein Zimmer seinem Erstgeborenen zu Ehren. In den sechziger Jahren verwandelt er eine

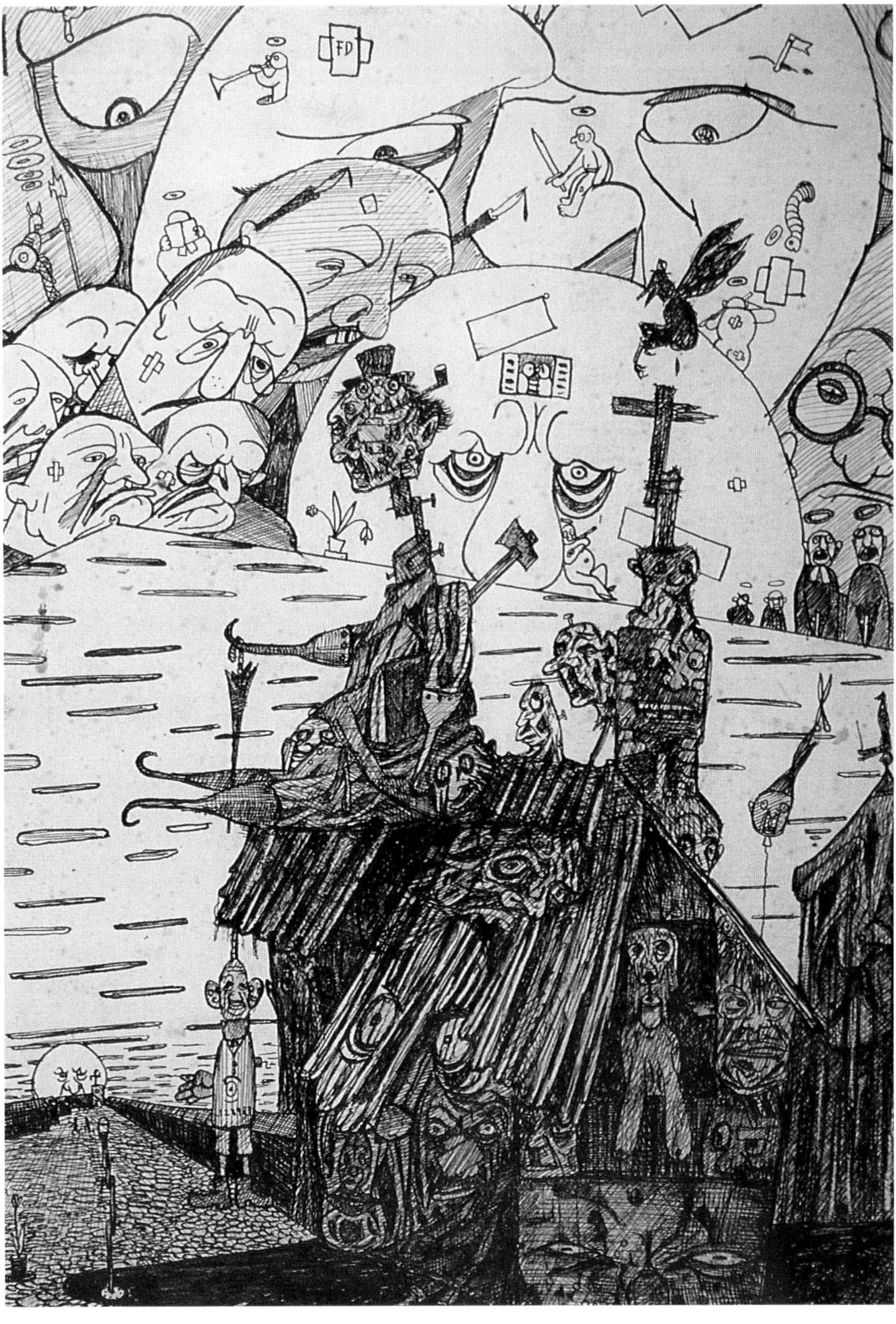

Tusche, ca. 1943

Toilette in der Neuenburger Residenz zur bunt farbigen »Sixtinischen Kapelle«. Die Intensität der Berner Mansarden-Suite erreichen allerdings diese gelegentlichen Scherzausflüge nie.

1949, auf Wunsch von Dürrenmatts Schwester Verena, fotografiert sein Freund Joseph Rösli die Malereien. Fritz ist nicht dabei, sein Humor spukt aber mit. Auf dem alten Foto sieht die Salome anders aus als heute, kein grinsender Soldatenkopf beugt sich über sie.

1952 wechseln Dürrenmatts Eltern wieder einmal ihren Wohnsitz. Die neuen Mieter lassen den Dachraum gründlich überstreichen. Die Malereien verschwinden, das Thema Mansarde wird vom Tisch gewischt, nicht einmal der Intimus Varlin erfährt etwas über ihre kryptische Existenz.

1978, in dem im Diogenes Verlag erschienenen Band von Dürrenmatts *Bildern und Zeichnungen*, wird mit einer wortkargen Bildlegende »Berner Studentenzimmer 1943« der linke Teil der »Großen Abenteuer der Menschheit« klein publiziert.

Der Feldherr hat längst durch das Bild die Sprache gefunden, doch dauert das Schweigen über die Mansarde an.

Vergessen, verdrängt, exkommuniziert?

Die größten Liebschaften sind die geheimen.

Vieles ist möglich. Das Mögliche ist ungeheuer.

Die Freilegung der Wandmalereien 1994 war eine kleine Sensation.

Die Zeitangaben stützen sich auf Gespräche mit Verena Dürrenmatt, Christiane Zufferey und Joseph Rösli.

Nachweis

Die Herausgeber danken folgenden Personen und Institutionen für die freundliche Erlaubnis, Bilder, Zeichnungen, Texte und Fotos in diesem Band abzudrucken:

Friedrich Dürrenmatt über die Berner Mansarde
Fotos:

S. 10: Das Haus in der Berner Laubeggstraße: Eidgenössisches Amt für Denkmalpflege (EDA), Sammlung INSA.

S. 11: Friedrich Dürrenmatt als Student in Zürich, ca. 1943: Archiv Elsa Wyss, Zürich (Schweizerisches Literaturarchiv).

Texte:

S. 12: »Notdürftig genesen, doch immer noch mit gelblichen Augen...«
Aus: Friedrich Dürrenmatt: Manuskript vom 9.11.1981 in Dossier »Prometheus« (inhaltlich: Vorstufe zu *Querfahrt* in *Turmbau. Stoffe IV–IX.* Schweizerisches Literaturarchiv, Signatur FD-A-m159).

S. 14: »Als Student wohnte ich in Bern in einem Zimmer...«
Aus: Friedrich Dürrenmatt: *Persönliche Anmerkung* in *Bilder und Zeichnungen*, Zürich: Diogenes 1978 (unpaginiert). Wieder abgedruckt als *Persönliche Anmerkung zu meinen Bildern und Zeichnungen*, in: Friedrich Dürrenmatt: *Literatur und Kunst* (Werkausgabe in dreißig Bänden, Bd. 26), Zürich: Diogenes 1980, S. 216.

S. 14: »War ich vorher ein Einzelgänger gewesen...«
Aus: Friedrich Dürrenmatt: *Turmbau. Stoffe IV–IX.* Zürich: Diogenes 1990, S. 165.

S. 15: »Wir brauchen immer wieder sichere Höhlen...«
Aus: Friedrich Dürrenmatt: *Die Stadt. Prosa I–IV.* Zürich: Arche 1952. Zitiert nach: Friedrich Dürrenmatt: *Aus den Papieren eines Wärters. Frühe Prosa* (Werkausgabe, Bd. 19), Zürich: Diogenes 1980, S. 121f.

Friedrich Dürrenmatt · Die Wandmalereien
Die Bildtitel in französischen Anführungen stammen von Friedrich Dürrenmatt (der Titel »Die großen Abenteuer der Menschheit« wurde hier aus der Erzählung *Die Stadt* auf die realen Mansardenbilder übertragen); alle anderen Bildtitel sind von Ludmila Vachtova oder von Dürrenmatts Freunden.

S. 18/19: »Die großen Abenteuer der Menschheit«, ca. 1942. Leimfarbe (Pinsel) auf Verputz. 300 x 512 cm.

S. 20: »Skurrile Kreuzigung«, ca. 1942. Leimfarbe (Pinsel) auf Verputz. 300 x 690 cm.

S. 21: Tondo-Komposition, ca. 1942. Leimfarbe (Pinsel) auf Verputz. 212 x 197 cm.

S. 22: »Salome bietet den Kopf Johannes des Täufers dar«, ca. 1942. Leimfarbe (Pinsel) auf Verputz. 260 x 123 cm.

S. 23: Figur im roten Mantel, ca. 1942. Leimfarbe (Pinsel) auf Verputz. 260 x 123 cm.

S. 24: »Das Antlitz der Medusa«, ca. 1942. Leimfarbe (Pinsel) auf Verputz. 115 x 75 cm.

S. 25: Hahn und Zauberer, ca. 1942. Bleistift auf Verputz. 63 x 100 cm.

S. 26/27: Die Kaminzeichnungen, ca. 1946–48 (evtl. noch später). Öl(?)-Kreide auf Verputz. 215 x 55 cm.

Die technischen Daten stützen sich auf den Restaurationsbericht von Philippe Ganz/Stefan Nussli Restaurator AG, Ittigen (Bern). Alle Fotos der Wandmalereien (Seite 18–27) sind von Dominique Uldry, Bern.

Ludmila Vachtova · Dämonen der Mansarde – ein frühes Hauptwerk
Originalbeitrag.
Zeichnungen:

S. 34: Faust-Karikatur. Tusche (Feder, laviert) auf Papier. Undatiert (ca. 1938). 22 x 28 cm: Joseph Rösli, Bern.

S. 36: Zeichnung nach Motiven von E.T.A. Hoffmann [vermutlich Serapionsbrüder]. Tusche (Feder) auf Karton. Undatiert (ca. 1940). 19,7 x 18,1 cm: Schweizerisches Literaturarchiv/Nachlaß Friedrich Dürrenmatt (Schenkung Dr. Paul Baumgartner).

S. 39: Notizen aus dem philosophischen Seminar. Tinte (Feder) auf Papier. Undatiert (ca. 1943/44). 20 x 16 cm: Charlotte Kerr Dürrenmatt.

S. 50: »Soldat und gehenkter General«. Tusche (Feder) auf Papier, 1943. 29,7 x 21 cm: Familie E. Wyss, Zürich. Aus: *Bilder und Zeichnungen,* Zürich: Diogenes 1978 (unpaginiert)

S. 53: (Ohne Titel). Tusche (Feder) auf Papier, ca. 1943. 30,5 x 21,5 cm: Christiane Zufferey, Sierre.

Manuskript:

S. 48: ›Komödie‹ (Manuskript), 1943: Schweizerisches Literaturarchiv/Nachlaß Friedrich Dürrenmatt

Fotos:
Alle Ausschnitte der Wandmalereien: Dominique Uldry, Bern.